하나님의 편지

THE GOSPEL PROJECT

The Gospel Project for **Students** is published quarterly by LifeWay Christian Resources,
One LifeWay Plaza, Nashville, TN 37234, Thom S. Rainer, President
© 2017 LifeWay Christian Resources
Translated and used by permission of LifeWay Christian Resources

This Korean translation edition © 2019 by Duranno Ministry,
38, Seobinggo-ro 65-gil, Yongsan-gu, Seoul, Republic of Korea
Published by arrangement with LifeWay Christian Resources

가스펠 프로젝트

신약 5

하나님의 편지
중고등부 교사용

지은이 · LifeWay Students
옮긴이 · 심정훈
감수 · 김병훈, 류호성, 곽상학
초판 발행 · 2019년 4월 3일
2판 1쇄 발행 · 2024년 8월 9일
등록번호 · 제1988-000080호
등록된 곳 · 서울특별시 용산구 서빙고로65길 38
발행처 · 사단법인 두란노서원
영업부 · 02-2078-3352, 3452, 3781, 3752 FAX 080-749-3705
편집부 · 02-2078-3437
디자인 · 땅콩프레스

책값은 뒤표지에 있습니다.
ISBN 978-89-531-4682-2 04230 / 978-89-531-4671-6(세트)

가스펠 프로젝트 홈페이지 · gospelproject.co.kr
두란노몰 · mall.duranno.com

차례

지도하시는 하나님 **첫 번째 이야기** 갈라디아서, 고린도전서, 디모데전서, 디모데후서, 야고보서, 베드로전서, 요한일서

변화시키시는 하나님 **두 번째 이야기** 로마서, 고린도후서, 갈라디아서, 에베소서, 히브리서

5

Letters to God's People

발간사

두란노서원을 통해 라이프웨이(LifeWay)의 《가스펠 프로젝트》 성경 공부 교재 시리즈를 발간할 수 있도록 인도하신 하나님께 감사드립니다. 험한 소리로 가득한 세상에 이 책을 다릿돌처럼 놓습니다. 우리 삶은 말씀을 만난 소리로 풍성해져야 합니다. 주님을 만난 기쁨의 소리, 진실 앞에서 탄식하는 소리, 죄를 씻는 울음소리, 소망을 품은 기도 소리로 가득해야 합니다.

《가스펠 프로젝트》는 신구약을 관통하는 예수 그리스도의 복음을 발견하고, 그 가르침을 삶에 적용하는 지혜를 얻도록 기획한 성경 공부 교재입니다. 어린아이부터 어른에 이르기까지 생애주기에 따른 복음 메시지를 잘 배울 수 있습니다. 또한, 거짓 진리가 미혹하는 이 시대에 건강한 신학과 바른 교리로 말씀을 조명하여 성도의 신앙이 좌로나 우로나 치우치지 않도록 돕습니다.

두란노서원은 지금까지 "오직 성경, 복음 중심, 초교파적 관점"을 바탕으로 한국 교회와 성도를 꾸준히 섬겨 왔습니다. 오직 성경의 정신에 입각해 책과 잡지를 출판해 왔으며, 성경에 근거한 복음 중심의 신학을 포기한 적이 없습니다. 그리고 교단과 교파를 초월하여 교회와 성도가 하나님 나라를 바라볼 수 있도록 돕기 위해 노력해 왔습니다. 《가스펠 프로젝트》는 두란노가 지켜 온 세 가지 가치를 충실하게 담은 책입니다.

성경은 구원을 위한 책이며, 구원사의 주인공은 예수 그리스도입니다. 창세기부터 요한계시록까지 오직 예수 그리스도의 복음만을 전하는 《가스펠 프로젝트》 성경 공부 교재를 통해 복음의 은혜와 진리를 깊이 경험하고, 복음 중심의 삶이 마음 판에 새겨지기를 바랍니다. 그리고 예수 그리스도 복음에 굳게 선 한 사람의 영향력이 가정과 교회와 사회에 흘러감으로써 거룩한 하나님 나라가 확산되어 가기를 소망합니다.

두란노서원 원장 이 형 기

감수사

두란노가 출간하는 《가스펠 프로젝트》는 무엇보다도 전통적으로 교회가 풀어 온 흐름을 충실히 따라 성경을 해설하고 있습니다. 그리고 그 방향은 궁극적으로 예수 그리스도를 향해 나아가고 있습니다. 이것은 예수님이 구약과 신약의 모든 성경이 자신을 가리키고 있다고 하신 말씀에 비추어 매우 타당한 것입니다. 게다가 그리스도 중심적 해설을 무리하게 전개하지 않습니다. 각 본문에서 하나님의 구원 언약과 그것을 실현하시는 하나님을 드러내면서, 그리스도의 예표적 설명이 가능한 사건을 놓치지 않고 풀어내고 있습니다.

성경 공부 교재는 명시적으로 혹은 암시적으로 제시하는 교리적 진술이 교리체계상 건전해야 합니다. 《가스펠 프로젝트》는 99개 조에 이르는 핵심 교리들을 일목요연하게 제시하여 교리의 건전성을 확인할 수 있도록 도움을 줍니다. 《가스펠 프로젝트》의 교리는 교파를 막론하고, 예수 그리스도의 복음에 충실한 복음주의 교회들에게 환영받을 만합니다. 물론 교파마다 약간의 이견을 갖는 부분이 있을 수 있겠지만 각 교회에서 교재를 활용하는 데에 무리가 없을 것으로 판단합니다. 《가스펠 프로젝트》의 특징은 각 과에서 학습한 내용을 핵심 교리와 연결해 주며, 그 결과 그리스도의 복음에 관련한 교리적 이해를 강화시킨다는 데에 있습니다.

끝으로 《가스펠 프로젝트》는 어떤 성경 주해서나 교리 학습서가 갖지 못하는 훌륭한 장점을 가지고 있습니다. 그것은 학습자를 하나님과 그리스도의 복음 앞으로 나오도록 이끌며 자신의 신앙과 삶을 돌아보도록 하는 적용의 적실성과 훈련의 효과입니다. 아울러 선교적 안목을 열어 주는 적용 질문을 더해 준 것은 《가스펠 프로젝트》에서 얻을 수 있는 커다란 유익입니다.

《가스펠 프로젝트》는 성경을 개괄적으로 매주 한 과씩, 3년의 기간 동안 일목요연하게, 그리고 그리스도 중심적으로 공부하도록 이끌어 준다는 점에서, 한국 교회의 기초를 성경 위에 놓는 일에 대단히 커다란 공헌을 할 것으로 믿어 의심치 않습니다.

김병훈 _ 합동신학대학원대학교 조직신학 교수

하나님의 말씀이 임하는 곳에는 회복의 역사가 있어서 죽은 뼈들도 힘줄이 생기고 살이 오릅니다(겔 37:8). 왜냐하면 하나님의 말씀은 그 자체에 능력이 있기 때문입니다(눅 1:37). 곧 하나님의 말씀은 살아 있고 활력이 있어 좌우에 날 선 어떤 검보다도 예리하여 혼과 영과 및 관절과 골수를 찔러 쪼개기까지 하며 또 마음의 생각과 뜻을 판단합니다(히 4:12). 이렇게 하나님의 말씀이 왕성해지면 국가는 자연적으로 정의와 사랑이 넘쳐나며(렘 9:24), 교회는 제자의 수가 많아지는 놀라운 부흥을 경험합니다(행 6:7). 결국 하나님의 말씀이 흘러넘쳐 온 우주를 적실 때에 악한 세력들은 모두 물러가고, 새 하늘과 새 땅이 우리에게 다가올 것입니다.

이를 위해 작은 등불의 역할을 할 《가스펠 프로젝트》는 다음과 같은 특징이 있습니다. 첫째는 성경 전체를 '그리스도 중심'으로 바라본 것입니다. 오실 그리스도(구약)와 오신 그리스도 그리고 앞으로 다시 오실 그리스도(신약)의 관점에서 구약성경과 신약성경을 서로 연결시켰습니다. 그래서 구약성경을 단지 유대 민족의 역사서로 보는 편협함에서 벗어나, 그 속에 담긴 놀라운 하나님의 구원 역사를 보게 합니다. 둘째는 같은 본문으로 교회와 가정 그리고 전 연령층에서 그리스도의 사랑을 배우게 합니다. 이는 특히 가정에서 부모와 자녀가 서로 신앙적으로 소통할 기회를 제공하고 사랑과 정의를 실천하는 성숙한 그리스도인으로 성장하도록 이끌어 줍니다. 셋째는 신학적 주제와 기초 교리를 이해하기 쉽게 설명한 것입니다. 그래서 사이비 이단이 번져 가는 상황에서 매우 중요한 영적 분별력을 향상시키는 데 도움을 줍니다. 넷째는 배운 것을 복음의 씨앗을 뿌리는 선교와 연결시키며 하나님이 주신 사명을 실천하도록 이끄는 것입니다. 이는 복음의 열정을 회복시켜 줍니다.

그러므로 모든 교단과 교파를 초월해서, 하나님의 섬세한 구원의 손길과 그리스도의 숭고한 십자가의 사랑 그리고 거룩함으로 인도하는 성령님의 인도하심을 배울 수 있을 것입니다. 그래서《가스펠 프로젝트》를 통해 하나님의 말씀이 한반도에 흘러넘칠 뿐만 아니라, 복음의 열정을 품고 전 세계로 향하는 많은 전도자들을 세워 갈 것입니다.

류호성 _ 서울장신대학교 신약학 교수

✝ 일반적으로 교육의 3요소에 대해 교육 주체인 교사, 교육 객체인 학생, 교육 내용인 교육 과정(curriculum)이라고 말합니다. 기독교 교육 또한 교회 학교 교사나 가정의 부모가 교육 주체가 되어 다음 세대인 청소년들에게 복음이 담긴 성경을 가르치는 것입니다. 교육 과정을 제외하고는 공교육과 기독교 교육이 본질적으로 다를 수 없는데, 시대의 요청이나 학습자의 역량에 따라 교육 과정이 바뀌는 공교육과 달리, 성경이라는 절대 진리가 교육 과정인 기독교 교육은 수요자 중심의 창의적 상호 작용 등 교육 방법론에 취약점을 보인 것이 사실입니다.

《가스펠 프로젝트》는 객관론적인 인식론에 근거한 프로젝트 수업을 염두에 두었기 때문에, 안내하고 조력하는 교사의 역할 수행과 자연스럽고도 적극적인 학생들의 반응이 만나 성경의 내용을 '지금 그리고 여기'를 사는 '나'와 접목시켜 진지하게 대면하게 합니다. 매 과마다 청소년 설교 제목과 같은 감각적인 제목으로 문을 열고 들어가 'HIS STORY'를 만나게 됩니다. 그뿐 아니라 '연대표', '알짬 교리 99' 등은 다소 지루할 수 있는 성경의 이야기를 청소년 특유의 감성으로 풀어 주므로 그들의 지적 호기심을 채워 주기에 충분합니다. 또한 '그리스도와의 연결'로 구속사적 흐름을 놓치지 않고 그리스도의 복음을 충실히 따르고 있습니다. 영원불변하는 하나님의 말씀이 21세기에 대한민국에서 살아가는 중학생, 고등학생의 실제 이야기로 잘 구현되도록 한 'YOUR STORY', 그리고 '생각'과 '마음'이 어떻게 '행동'으로 이어지는가에 대한 'YOUR MISSION'은 성경 공부의 매우 중요한 연결 고리가 될 것입니다.

《가스펠 프로젝트》는 그리스도 중심의 성경 공부 교재이자, 성경 전체를 꿰뚫는 복음의 알파와 오메가로서 이 시대에 새로운 기독교 교육의 이정표가 될 것을 확신합니다.

곽상학 _ 전 온누리교회 협동 목사

추천사

우리 시대의 전 세계적 교회 부흥은 두 가지 샘을 가지고 있습니다. 한 샘은 오순절 부흥 운동의 샘입니다. 이 샘으로 많은 시대의 목마른 영혼들이 목마름을 해갈했습니다. 또 하나의 샘은 성경 연구의 샘입니다. 남침례교 주일학교 운동은 이 샘의 개척자입니다. 이 샘으로 지금도 많은 성도가 목마름을 해갈하고 있습니다. 미국 남침례교 라이프웨이 출판사는 이러한 사역을 충실히 감당해 왔습니다. 《가스펠 프로젝트》는 모든 필요를 공급하는 원천이 될 것입니다. 《가스펠 프로젝트》로 한국 교회의 목마름이 해갈되기를 기도합니다. 《가스펠 프로젝트》는 쉬우면서도 결코 피상적이지 않습니다. 믿음의 단계를 따라 하나님의 자녀들에게 꼭 필요한 복음의 진수를 맛보게 해 줄 것입니다. 이 체계적인 교재로 이 땅에 새로운 영적 르네상스가 일어나기를 기대합니다.

이동원 _ 지구촌교회 원로목사, 지구촌 미니스트리 네트워크 대표

성경은 그 깊이와 너비를 측량하기 어려운 광활한 바다입니다. 이 바다를 무턱 대고 항해하다 보면 장구한 역사의 파도와 다양한 문학 양식이라는 바람에 의해 표류하기 쉽습니다. 그런 점에서 《가스펠 프로젝트》는 참 훌륭한 나침반입니다. 건전한 교리를 바탕으로 성경 어디에서나 그리스도를 발견하도록 돕고, 복음이라는 항구에 이르도록 이끌어 줍니다. 구약시리즈뿐 아니라 신약시리즈 역시 말씀의 바다를 항해하는 모든 분들에게 큰 유익을 줄 것입니다. 기쁜 마음으로 추천합니다.

허요환 _ 안산제일교회 담임 목사

성경은 예수 그리스도를 중심으로 하는 하나님의 구원 이야기입니다. 성경을 가르치는 일은 하나님의 구원에 동참하는 하나님의 사람을 만드는 일이며, 하나님의 사람의 탁월한 모델은 바로 예수 그리스도입니다. 《가스펠 프로젝트》는 예수 그리스도를 중심으로 성경을 배웁니다. 성경이 어떻게 그리스도와 연결되어 있는지, 또 성도의 삶이 그리스도를 중심으로 하는 하나님의 구원 계획에 어떻게 연결되어야 하는지 구체적으로 제시합니다.

특히 《가스펠 프로젝트》는 하나의 본문을 각 연령에 맞게 구성한 교재를 제공해 하나의 본문으로 전 세대를 연결하고, 가정과 교회를 하나 되게 합니다. 신앙의 전수가 중요한 시대에 성도와 교회와 가정이 한마음으로 다음 세대를 준비시키기에 적합합니다. 특히 가정에서 부모가 자녀와 말씀으로 대화를 나눌 수 있게 해 자녀 신앙 교육에 도움이 될 것입니다.

《가스펠 프로젝트》가 주일학교부터 장년에 이르기까지 전 교회와 성도의 각 가정에서 사용되어 예수 그리스도를 통한 하나님의 가스펠 프로젝트가 성취되기를 기도하면서 기쁨과 확신으로 추천합니다.

이재훈 _ 온누리교회 담임 목사

✚ 《가스펠 프로젝트》는 성경을 예수 그리스도 중심으로 심도 있게 살피도록 도우면서, 또한 그것을 이야기 형식으로 제시하며 실질적으로 적용하도록 이끄는 탁월함이 보입니다. 이는 청소년들이 자연스럽게 주변 또래들에게 자신이 경험한 예수 그리스도와 복음에 대해 나눌 수 있게 합니다.

왕동식 _ 서울YFC(십대선교회) 대표, 청소년사역자협의회 회장

✚ 《가스펠 프로젝트》는 복음주의적인 관점에서 성경을 이해하며 성경적 가치관을 형성하는 데 큰 도움을 줍니다. 특히 예수 그리스도를 모든 과에서 그 중심에 두어 구속사적으로 이해할 수 있도록 돕습니다. 또한 각 과별 주제도 친근할 뿐 아니라 다음 세대의 눈높이에 맞추고 있어서 적극 추천합니다.

황성건 _ (사)청소년선교횃불 대표, 소금과빛 국제학교 운영 이사

✚ 사역 현장에서는 하나님의 말씀을 효율적으로 가르칠 수 있는 좋은 방법과 교재에 늘 목말라 합니다. 그런 점에서 그 필요를 잘 충족해 줄 교재가 출간되어 기쁜 마음으로 추천합니다.

김운용 _ 장로회신학대학교 실천신학 교수

✚ 《가스펠 프로젝트》는 하나님의 말씀으로 우리를 초청해서 예수 그리스도를 만나게 하고 사랑하게 만드는 훌륭한 교재입니다. 자녀들이 교회 학교에서, 부모들이 소그룹에서 말씀을 공부한 후에 저녁 식탁에 둘러 앉아 예수님에 대해 함께 나눌 수 있다는 것은, 상상만 해도 너무나도 멋지고 복된 일입니다.

김지철 _ 전 소망교회 담임 목사

✚ 성경이 가르치는 구원의 도리인 교리를 성경 본문을 통해 배우기가 쉽지 않기 때문에 좋은 안내서가 필요합니다. 《가스펠 프로젝트》는 이와 같은 역할을 탁월하게 수행하고 있기 때문에 기쁜 마음으로 추천합니다.

이성호 _ 고려신학대학원 역사신학 교수

✚ 《가스펠 프로젝트》는 어린이부터 장년까지 성경에서 예수님이라는 보석을 찾는 눈을 활짝 열어 주는 놀라운 교재입니다. 각 연령대에 맞게 구성된 본 교재를 통해 예수님을 다시 발견하고 한국 교회가 더욱 견고하게 되기를 바랍니다.

최병락 _ 강남중앙침례교회 담임 목사

일러두기

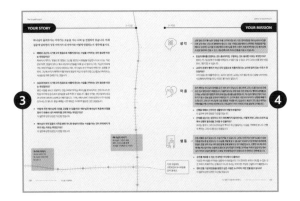

❶ INTRO

과의 내용을 간략하게 요약하고 성경 본문을 제시하면서, 본문의 흐름과 학습 목표를 놓치지 않도록 돕습니다.

❷ HIS STORY

하나님의 구속사에 초점을 맞춰 성경을 이해하도록 하며, 다음과 같은 특징이 있습니다.

---

* **students** 왼편에 'students' 글씨와 함께 회색 세로줄이 있는 단락은 학생용 교재와 동일한 부분입니다. 학생용 교재의 모든 내용이 교사용에도 실려 있습니다.
* **연대표** 성경을 시간 순으로 이해하도록 살피는 표로, 학생용 교재에서는 그림도 함께 제공합니다.
* **본문으로 더 깊이** 이야기 속으로 더 깊이 들어가도록 돕는 성경 주해입니다. 이 자료를 어떤 식으로 활용할 것인지는 교사의 재량에 달려 있으며, 참고만 해도 괜찮습니다.
* **알짬 교리 99** 매 과의 본문 내용과 관련된 기독교 핵심 교리입니다.
* **그리스도와의 연결** 각 과의 주제가 어떻게 예수 그리스도를 가리키며 연결되는지 살피는데, 이를 통해 모든 성경이 그리스도를 가리키고 있음을 강조해 줍니다.

---

❸ YOUR STORY

하나님이 과거에 행하신 일을 오늘날과, 그리고 우리 자신과 연결하도록 돕는 토론 질문을 제시합니다. 매 질문마다 교사에게 주는 조언이 첨부되어 있습니다.

❹ YOUR MISSION

그리스도인으로서 어떻게 살아가야 할지 하나님의 이야기를 통해 생각하고 변화를 경험하도록 이끕니다. 단순한 성경 공부를 넘어 사명감을 가지고 이 세상을 살아가야 할 것을 강조하면서 하나님의 부르심에 참여하도록 돕습니다.

✱ **가스펠 프로젝트 홈페이지 자료실** gospelproject.co.kr에 있는 다양한 자료를 활용해 보세요.

- **십대와 나누는 믿음의 대화** 학생들과 폭넓게 나눌 수 있도록 본문의 요점, 질문, 명언을 제시합니다.
- **교사 지도 가이드** 교사에게 필요한 본문에 대한 설명과 지도 방향 등을 동영상으로 제공합니다.
- **가족성경읽기표** 본문에도 나오는 연대기적 성경 통독 일정이, 온가족이 보기 좋게 정리되어 있습니다.

교사 지도 가이드

01

복음을 위해 꿋꿋하게 버틸 거야

요 약

1과에서는 사도 바울이 사도 베드로의 위선을 책망한 이야기를 살펴볼 것입니다. 베드로는 두 무리의 그리스도인들 앞에서 안팎이 다르게 행동했는데, 이는 사소한 문제가 아니었습니다. 베드로는 이방인 그리스도인들과 자신을 구분하는 행동을 함으로써 복음의 진리를 거부하고 말았습니다. 바울은 베드로에게 복음의 진리를 보이는 행동을 하도록 요구했습니다. 바울이 위선에 저항하는 모습을 통해, 우리는 구원이 오직 그리스도만을 믿는 믿음에 달려 있음을 깨닫게 됩니다. 우리는 우리가 행한 일이 아니라 우리의 죄 때문에 받으신 그리스도의 죽음, 부활에 근거해 구원을 얻습니다.

성 경

갈라디아서 2장 11~21절

HIS STORY

포　인　트 ――――――― 하나님은 그리스도인으로서 우리가 복음의 진리를 흔드는 것들과 타협하지 않고 믿음의 자리를 지키기를 요구하신다.

등 장 인 물 ――――――― 바울(그리스도를 따르는 자와 이방인의 사도가 된 전직 박해자)
베드로(예수님의 열두 제자 가운데 한 명으로, 초대교회를 이끄는 주요 사도가 되었음)

메시지 좌표 ――――――― 바울이 베드로의 위선적 행동을 지적하는 내용으로 1과가 시작됩니다. 이들 두 사람은 초대교회를 이끌던 믿음의 거장이었는데, 중대한 문제를 놓고 서로 난처한 대화를 나누어야 했습니다.

도 입

'두 얼굴을 가졌다'라는 말을 듣고 좋아할 사람은 없을 것입니다. 그럼에도 사람들은 두 얼굴을 가지기 쉽습니다. 셀카를 찍어 소셜 미디어에 올리는 시대를 사는 우리는 최상의 사진만 남에게 보여 주려고 합니다. 설령 자신과 상황을 솔직하게 드러내지 않는다 해도, 좋은 평가를 받을 수만 있다면 괜찮습니다. 행복하고 지적이고 배려심이 많고 영성이 뛰어나고 성공한 사람처럼 보이고 싶다 보니, 자신에 대한 사실을 과장하거나 축소하는 등 왜곡하기 일쑤입니다. 그러다가 이 사람 앞에서는 이렇게 행동하고, 저 사람 앞에서는 저렇게 행동하는 두 얼굴을 가진 사람이 되고 맙니다.

소셜 미디어뿐 아니라, 다른 사람을 기쁘게 하려는 성향도 문제가 됩니다. 우리는 어떤 사람을 좋아하며 그에게 호감을 사고 싶어 합니다. 그리고 수다스러운 외향적 성격이건, 부끄럼을 타는 내향적 성격이건 다른 사람의 시선을 걱정합니다. 이로 인해 적극적이든 소극적이든 주목받고 인정받을 만한 행동을 하려고 합니다.

그러나 사람을 평가자로 두고 그들을 기쁘게 하려는 마음을 가진다면, 하나님이 기뻐하시는 행동과 사람이 기뻐하는 행동을 두고 갈등을 겪을 수 있습니다. 물론 다른 사람과 좋은 관계를 유지하는 것은 중요합니다. 성경에서 이 사실을 가르쳐 줍니다. 그러나 성경의 진리와 관련이 있을 때에는 단호하게 진리를 지켜야 합니다.

▶ 자신의 실제 모습과 다른 모습을 보이려고 애쓴 적이 있나요?

▶ 주위 사람의 칭찬이나 인정을 받고 싶을 때 어떤 노력을 했나요?

도입 선택

학생들이 3~4명씩 한 조가 될 수 있도록 한 후, 조마다 두 개의 별난 법을 고안하게 합니다. 그 별난 법의 필요성을 정리하도록 시간을 준 후 발표하게 하고 나서 다음 질문을 합니다.

• 가장 별난 법은 무엇이었고, 그 이유는 무엇인가요?

초대교회는 문제들을 해결하는 데 많은 시간을 들였습니다. 특히 율법 문제에 대해서 그랬습니다. 예수님은 율법을 폐하러 오신 것이 아니라, 완전하게 하러 오셨습니다. 그러나 그 위에 종교 지도자들이 추가 규칙과 짐을 부과했고, 예수님은 이것에 대해서 끊임없이 그들에게 맞서셨습니다. 심지어는 베드로 같은 제자마저, 예수님의 십자가 사역으로 인해 불필요해진 관습을 버리는 것을 어려워했습니다. 사람들에게 추가 규칙을 부과하는 것은 복음의 진리를 무시하는 것입니다. 구원은 오직 예수님만으로 충분합니다.

베드로, 그건 아니잖아요

안디옥 교회 개척은 신약에서 상당히 두드러진 사건 가운데 하나입니다 (행 11:19~26). 사도행전 11장에서 개척된 이 교회를 바울은 갈라디아서 2장 11절에서 다시 언급했습니다. 안디옥은 다양한 국적의 인구 50만 명이 북적대는, 로마 제국에서 세 번째로 큰 주요 도시였습니다. 이처럼 안디옥 교회에도 유대인과 이방인 등 다양한 국적의 그리스도인들로 가득했습니다. 바로 이곳에서 바울은 베드로의 위선적인 행위를 공개적으로 매우 날카롭게 책망했습니다.

연 대 표

복음으로 굳건함
STANDING STRONG
복음의 진리가 흔들릴 때
타협하지 않다.

십자가로 하나 됨
UNITY IN THE CROSS
그리스도 안에서 믿는 자들이
연합하다.

공평하게 대함
SHOWING MERCY
차별하지 않고 친절을 베풀다.

새로운 정체성
A NEW IDENTITY
택함받은 천국 시민으로서
거룩하게 살다.

행동하는 사랑
LOVE IN ACTION
하나님과 사람을 향한 사랑은
삶에서 구체적으로 나타난다.

목회자에게 보내는 편지
LETTERS TO YOUNG PASTORS
예수님의 본을 따라 진리를
알도록 인도하다.

students

students

¹¹게바가 안디옥에 이르렀을 때에 책망받을 일이 있기로 내가 그를 대면하여 책망하였노라 ¹²야고보에게서 온 어떤 이들이 이르기 전에 게바가 이방인과 함께 먹다가 그들이 오매 그가 할례자들을 두려워하여 떠나 물러가매 ¹³남은 유대인들도 그와 같이 외식하므로 바나바도 그들의 외식에 유혹되었느니라 ¹⁴그러므로 나는 그들이 복음의 진리를 따라 바르게 행하지 아니함을 보고 모든 자 앞에서 게바에게 이르되 네가 유대인으로서 이방인을 따르고 유대인답게 살지 아니하면서 어찌하여 억지로 이방인을 유대인답게 살게 하려느냐 하였노라(갈 2:11~14)

초대교회는 유대인 그리스도인과 이방인 그리스도인의 믿음 생활 양식이 달라서 다양한 어려움을 겪었습니다. 그들은 자신들의 믿음을 지키려고 했고, 연합된 교회로서 차이를 극복할 방법을 실천하려고 애썼습니다(행 15장). 예루살렘에서 온 유대인이 주축이던 기독교와 안디옥에 있는 많은 이방인 초신자가 주축이던 기독교 사이에 차이가 있을 때에 베드로가 위선적인 행동을 하고 말았습니다.

대부분의 성도가 혈연관계인 전통적 교회를 상상해 봅시다. 그들은 오르간과 피아노의 예배 반주에 맞춰 가운을 입은 성가대와 함께 찬양할 것입니다. 또한 다민족으로 구성된 현대적 교회를 상상해 봅시다. 그들은 전자 악기의 예배 반주에 맞춰 개성이 뚜렷한 옷을 입고 찬양할 것입니다. 두 교회 모두 말씀을 선포하고, 복음을 전하며, 예수님을 사랑하고, 선교를 지원합니다. 하지만 두 교회의 문화는 완전히 다릅니다. 이번에는, 문화가 다른 이 두 교회를 합병한다고 상상해 봅시다. 그때 어떤 일이 일어날지 생각해 보면, 안디옥에서 일어났던 일을 이해할 수 있습니다. 기독교를 이해하는 방법이 달랐고, 그 두 가지 방법이 충돌했습니다. 그러나 그것이 위선에 대한 변명이 될 수 없습니다. 사실, 변명의 여지란 전혀 없습니다.

오늘날 교회에서 기독교에 대해 서로 다르게 이해하고 적용하는 방법에는 어떤 것이 있을까요? 서로 다르기 때문에 교회가 분열하는 것을 이해할 수 있나요? 이해할 수 있거나 이해할 수 없는 이유는 무엇인가요?

교회의 사명은 하나님의 진리와 분리될 수 없습니다. 하나님은 복음의 진리가 걸린 문제에 관해서는 세상과의 타협을 거부하고, 견고히 맞서라고 말씀하십니다. 본문에서 바울이 베드로를 공개적으로 책망한 이유가 바로 그것입니다. 즉 베드로가 복음에서 벗어난 행동을 했기 때문입니다. 그것은 단지 의견이 다른 것에 관한 문제가 아니었습니다.

바울은 베드로가 두 무리에게 각각 다르게 행동하는 모습을 보았습니다. 처음에 베드로는 이방인과 규칙적으로 함께 식사했습니다. 그는 고넬료와 그의 가족이 회심하는 것을 목격했기에 이방인도 오직 믿음으로 예수님을 따를 수 있다는 사실을 분명히 알았습니다(행 10~11장). 그럼에도 불구하고 베드로는 야고보가 보낸 사람들이 오자 태도를 바꾸었습니다(갈 2:12). 유대인과 이방인을 구별하지 않는 모습을 보고 그들이 충격을 받을까 봐 그런 것입니다. 본문의 '떠나', '물러가매' 두 동사의 시제를 보면 그들이 도착한 후 베드로가 점차 그로 인한 압박에 굴복해 갔음을 알 수 있습니다.

결국 다른 유대인들도 베드로의 행동을 따르기 시작했습니다. 교회 지도자의 영향력이 얼마나 지대한지를 확인하게 됩니다. 바울이 베드로의 행동에 분노한 것을 13절에서 확인할 수 있습니다. "바나바도 그들의 외식에 유혹되었느니라"(갈 2:13). 베드로의 행동은 심지어 바나바에게도 영향을 주었습니다. 안디옥 교회의 초창기 지도자이자 "위로의 아들"(행 4:36)로 알려진 바나바마저 베드로와 예루살렘에서 온 유대인의 집단적 압박에 굴복하고 말았습니다.

감싸 줄 만한 것이 없습니다. 베드로는 잘못을 저질렀고 다른 사람이 실족하게 했습니다. 이들이 복음의 진리를 따라 바르게 행동하지 않았음을 바울은 분명하게 밝혔습니다. 복음을 왜곡하는 사람은 책망받아 마땅합니다. 때로는 개인적으로 지적해서 그 행동을 멈추도록 해야 할 것입니다. 그러나 이 경우, 바울은 베드로의 영향력과 그 죄의 공적인 성격 때문에 모든 사람 앞에서 그 잘못을 드러냈습니다.

알짬 교리 **99**

이신칭의

'칭의'란 하나님이 그리스도의 율법 순종을 통한 공로와 죄인을 위한 대리속죄의 구속적인 죽음이 가져온 의에 기초하여 죄인을 의로운 자로 인정하시는 객관적인 선포를 말합니다(롬 8:33-34). 이러한 선포는 인간의 행위나 노력의 결과가 아니라 그리스도를 믿는 믿음을 통해 일어납니다(엡 2:8-9). 우리는 칭의를 통해 하나님 앞에 바로 서게 되며, 이전에 멀어지고 적대적이었던 관계에서 벗어나 하나님의 가족이 됩니다.

위선적인 행동으로 복음을 저버리지 말자

십자가 앞에서는 모두가 평등합니다. 사회적 지위나 빈부나 인종은 아무 상관이 없습니다. 성별이나 나이와도 무관합니다. 모든 사람은 동일한 문을 통해 하나님께 나아갑니다. 그 문은 바로 예수 그리스도입니다.

15우리는 본래 유대인이요 이방 죄인이 아니로되 16사람이 의롭게 되는 것은 율법의 행위로 말미암음이 아니요 오직 예수 그리스도를 믿음으로 말미암는 줄 알므로 우리도 그리스도 예수를 믿나니 이는 우리가 율법의 행위로써가 아니고 그리스도를 믿음으로써 의롭다 함을 얻으려 함이라 율법의 행위로써는 의롭다 함을 얻을 육체가 없느니라 17만일 우리가 그리스도 안에서 의롭게 되려 하다가 죄인으로 드러나면 그리스도께서 죄를 짓게 하는 자냐 결코 그럴 수 없느니라 18만일 내가 헐었던 것을 다시 세우면 내가 나를 범법한 자로 만드는 것이라(갈 2:15~18)

이전에 바울은 베드로가 복음의 진리에서 벗어난 행동을 했다고 지적한 바 있습니다. 바울은 그때 자신이 했던 말의 의미가 무엇인지를 여기에서 해석해 주고 있습니다. 바울의 관심사는 두 사도나 두 무리 사이의 균열이 아니었습니다. 그보다 더 중요한 구원의 문제였습니다. 구원받는 유일한 길은 예수님을 믿는 것뿐입니다. 이는 유대인이든 이방인이든, 시대와 장소에 상관없이 모든 사람에게 유일한 길입니다. 그러므로 편견을 가지고 다른 사람을 대하는 그리스도인이 있다면 그는 복음을 부인하는 것입니다. 우리는 오직 믿음으로 의롭게 됩니다(갈 2:16). 행위나 인종이나 다른 어떤 기준으로 의롭게 되는 것이 아닙니다. 이것이 바로 바울이 베드로의 위선적 행동을 심각하게 여겼던 이유입니다. 즉 복음을 부인하는 것으로 여겼습니다.

유대인에게 율법은 엄청난 이점을 주는 것이었습니다. 이방인과 유대인을 구별하는 주요한 기준 때문입니다. 유대인은 율법에 순종하고자 이방인을 죄인으로 간주했습니다. 이방인은 율법의 단 한 가지를 지키지 못한 사람들이기 때문입니다. 그런데 유대인은 바로 이러한 기준 때문에 율법이 자신을 구원할 수 없다는 사실을 깨달아야 합니다. 그것을 깨닫게 되면 구원받기 위해 자신의 행위 대신 그리스도를 믿을 것입니다.

바울은 유대인 형제들이 베드로를 미혹했을 법한 내용으로 질문을 던졌습니다. "만일 우리가 그리스도 안에서 의롭게 되려 하다가 죄인으로 드러나면 그리스도께서 죄를 짓게 하는 자냐"(갈 2:17). 만약 어떤 유대인이 율법을 따르지 않은 '이방인 죄인'과 함께 먹는다고 해서 그 유대인 역시 '죄인'이 되고 만다면 어떨까요? 먹는 것이 더럽게 하는 것이 아니라고 하시며 베드로에게 부정한 것을 먹으라고 명하셨던 예수님은 죄를 부추긴 분이 되고 말 것입니다(막 7:19; 행 10장). 바울은 분명하게 대답했습니다. "결코 그럴 수 없느니라"(갈 2:17). 예수님이 해제하신 제약을 복원시키는 것은 분명 죄일 것입니다.

그리스도 없이는 율법도 소용없어

● students

본문은 바울이 그리스도인의 삶을 탁월하게 드러낸 구절 가운데 하나입니다. 그는 자신의 경건한 삶이 그리스도와의 연합에서 비롯되었다고 단언했습니다.

● students

[19]내가 율법으로 말미암아 율법에 대하여 죽었나니 이는 하나님에 대하여 살려 함이라 [20]내가 그리스도와 함께 십자가에 못 박혔나니 그런즉 이제는 내가 사는 것이 아니요 오직 내 안에 그리스도께서 사시는 것이라 이제 내가 육체 가운데 사는 것은 나를 사랑하사 나를 위하여 자기 자신을 버리신 하나님의 아들을 믿는 믿음 안에서 사는 것이라 [21]내가 하나님의 은혜를 폐하지 아니하노니 만일 의롭게 되는 것이 율법으로 말미암으면 그리스도께서 헛되이 죽으셨느니라(갈 2:19~21)

바울은 율법이 우리의 죄를 드러낼 수는 있지만, 그것을 제거하지는 못한다는 사실을 알았습니다. 그래서 그는 율법에 대하여 죽고자 했고, 그것을 통해 하나님에 대하여 살고자 했습니다(갈 2:19). 우리에게는 율법에 따라 죽는 것을 꺼리는 마음이 있지만, 하나님을 위해 살고 싶은 마음도 있습니다. 생명을 얻고자 하는 사람은 죽음을 통과해야 합니다. 그리스도께서는 자신의 죽음을 통해 우리에게 영생의 길을 열어 주셨습니다. 누구든 자신의 십자가를 짊어지고 그분을 따르는 사람은 그리스도 안에서 생명을 발견합니다.

더 살펴볼 것은, 율법에 대하여 죽는다고 했던 바울의 말이 의미하는 바입니다. 하나님의 모든 명령으로부터 벗어나서 살아갈 자유가 우리에게 있음을 암시한 것일까요? 그렇지 않습니다. 바울은 여기에서뿐 아니라 다른 본문에서도 이에 반대했습니다. 그렇기 때문에 우리는 그 의미가 아님을 알 수 있습니다. 그는 우리가 그리스도 안에서 죽었으니 하나님께 순종할 필요가 없다고 말한 것이 아닙니다. 오히려 그는 죽기까지 순종하는 것에 관해 잘못 생각해 왔음을 밝히고 그 잘못된 견해를 버려야 한다고 선언했습니다. 우리는 명령에 순종함으로써 구원받을 수 있다는 생각에 대해 죽어야 합니다. 또한 순종함으로써 정체성을 인정받을 수 있다는 생각에 관해 죽어야 하고, 베드로를 그릇된 길로 인도했던 '야고보에게서 온 어떤 이들의 주장'에 관해 죽어야 합니다.

● students

바울은 본문의 21절에서 자기 논리에 완벽한 결론을 더했습니다. 다른 사람들은 하나님의 은혜를 무효로 만들려고 노력할지 모르지만, 바울은 율법이 죄인을 죄에서 구할 수 없다는 사실을 다시금 상기시켰습니다. 만일 율법이 그렇게 할 수 있다면, 그리스도의 죽음은 필요하지 않았을 것입니다. 하나님의 아들이 육체를 입고 이 땅에 내려와서 고통당하고 죽으셨던 것은, 그분 자신의 행위에 대한 대가 때문이 아니라 다른 방법이 없었기 때문이었습니다. 예수님이 죽으셨기에 우리는 우리가 할 수 있는 유일한 방법인 그분을 믿음으로써 생명을 선물로 받았습니다.

그리스도와의 연결

● students

베드로는 이방인에게서 물러나는 행동을 했고 이는 복음의 진리를 부인하는 것이었습니다. 바울은 이 일을 외면하지 않고 드러냄으로써 우리가 오직 그리스도를 통해서 구원받는 것과 구원의 표징이 믿음임을 상기시켰습니다. 우리는 우리의 행동 때문이 아니라, 그리스도께서 우리를 대신해 죽으셨기 때문에 구원받습니다.

YOUR STORY

하나님이 들려주시는 이야기는 오늘을 사는 나와 늘 연결되어 있습니다. 아래 질문에 답하면서 성경 이야기가 내 이야기와 어떻게 연결되는지 생각해 봅시다.

▸ **죄를 책망받은 적이 있나요? 그 순간에 어떤 생각이 들었나요? 결과는 어땠나요?**
이 질문에 관한 답변은 다양할 것입니다.

▸ **우리는 어떻게 죄를 직면할 수 있을까요? 우리가 직면해야 할 죄와 그렇지 않은 죄를 구분할 수 있나요?**
예수님은 죄를 직면할 수 있는 탁월한 말씀을 주셨습니다(마 18:15~20). 성경에 분명하게 묘사된 도덕적 잘못을 범했다면 당연히 그 문제에 직면해야 합니다. 예수님의 인격과 사역, 성경의 권위를 거부하는 등 성경에서 벗어난 신학적 가르침을 행한 것 역시 직면해야 합니다. 그러나 어떤 신학적 가르침은 소위 2등급 혹은 3등급의 사안입니다. 여기에는 종말이나 세례에 관한 다양한 견해가 포함됩니다. 이것은 해석의 문제이지, 기독교 신앙의 핵심이 아닙니다. 우리는 삼위일체, 예수님의 인격과 사역, 성경, 이신칭의 등의 핵심적인 신앙 사항에 접근할수록 성경이 분명히 말하는 바가 무엇인지에 대해 진술하는 것이 더욱 정확해질 필요가 있습니다.

▸ **교회에서 누군가가 복음을 왜곡시키는 모습을 본 적이 있나요? 어떤 것이 이에 해당할까요?**
교회는 처음 온 사람을 환영하지 않거나, 사회에서 억압받고 소외된 사람을 존중하지 않거나, 그들을 위해 싸우지 않음으로써 복음을 왜곡할 수 있습니다.

▸ **우리의 삶이 복음을 반영하거나 왜곡할 수 있다는 사실로 인해 개인적으로 깨닫게 된 것은 무엇인가요?**
이 질문에 관한 답변은 다양할 것입니다.

하나님의 이야기
하나님이 그분의 아들 예수 그리스도를 통해 우리를 구속해 주신 이야기

우리의 이야기
우리의 이야기가 하나님의 이야기와 만나는 곳

YOUR MISSION

 생 각

바울의 말은 율법을 완전히 무시하라는 의미가 아닙니다. 우리는 행위로 의롭게 되는 것이 아닙니다. 그러므로 의를 얻기 위해서 율법을 의지하지 않습니다. 즉 율법을 깊이 생각한다고 해서 하나님의 성품과 마음을 더 잘 이해할 수는 없습니다. 하지만 우리는 날마다 율법에 순종하며 살아야 합니다.

● 율법은 하나님과 다른 사람을 향한 사랑을 어떻게 키워 줄 수 있을까요? 율법은 우리가 하나님께 순종하도록 어떤 도움을 줄 수 있을까요?
  이 질문에 관한 답변은 다양할 것입니다.

● 하나님께 순종하는 동기를 복음 중심으로 유지할 수 있는 방법은 무엇일까요?
  이 질문에 관한 답변은 다양할 것입니다.

 마 음

본문은 마음을 점검하고 위선을 버려야 한다는 사실을 상기시킵니다. 성경적 관점은 온 인류가 하나님의 형상으로 창조되었다는 것입니다. 외모, 행동, 생각이 다를지라도 그 사람을 성경적 관점에 따라 대하고 있나요? 혹시 시종일관 차이점에만 관심을 두나요? 구원은 하나님이 만물을 완전히 회복하실 미래의 세상을 경험할 수 있는 문을 열어 놓았습니다. 그날에는 모든 족속과 방언에서 온 그리스도인이 하나 되어 함께 예수님을 예배하게 될 것입니다. 우리는 지금 서로를 사랑하고 존중함으로써 최후의 영광스러운 날을 위한 준비를 시작할 수 있습니다.

● 인종, 문화가 달라 생긴 장벽을 복음으로써 뛰어넘을 수 있는 이유는 무엇일까요?
  복음은 깨어지고 반항적인 죄인과 거룩하신 하나님 사이를 화목시켜 장벽을 무너뜨립니다. 우리가 서로 다름에도 불구하고 단결하는 것도 바로 복음 때문입니다.

● 교회가 다름과 차이를 적극적으로 극복하도록 장려할 방법은 무엇일까요?
  다양한 사람이 모일 수 있고 서로 받아들일 수 있는 방안을 적극적으로 제안할 뿐 아니라 하나 되는 것을 중요하게 다루면서 다른 교회와 협동하는 노력 등을 할 수 있습니다.

 행 동

바울이 베드로를 책망하는 장면을 보면서 우리는 두 사람 모두의 입장에서 생각해 봐야 합니다. 하나님이 여러분을 다른 사람이 신실하게 복음을 따르도록 인도하는 바울의 위치에 세우셨나요? 하나님과 그 사람을 향한 사랑 때문에 담대하고 단호하게 진리를 지킬 준비가 되었나요? 이와 동시에 자신을 깊이 들여다보고, 자신이 혹시 베드로처럼 살고 있지는 않은지 살펴봐야 합니다. 우리에게는 다른 사람에 대한 편견, 그릇된 가치관, 복음을 전하거나 반영하지 못하는 미흡함이 있습니다. 그러므로 성령님께 우리의 미흡한 점을 보여 주시도록 간구해야 합니다.

● 이번 주에 복음을 위해 확고한 태도를 취할 필요가 있는 부분은 무엇인가요?
  이 질문에 관한 답변은 다양할 것입니다.

┌─────────────────┐
│ 다음 모임까지   │
│ 마태복음 21~28장을 │
│ 읽어 보세요.   │
└─────────────────┘

● 회개하고 복음대로 살아야 할 삶의 영역은 어디인가요?
  이 질문에 관한 답변은 다양할 것입니다.

02

우리는
십자가 안에서 하나

요약

많은 그리스도인이 마음과 힘을 한데 뭉치는 단결을 이루기 위해 나아가야 할 방향과 진리를 2과에서 살펴볼 것입니다. 그리스도인은 세상이 알아주기 때문이 아니라 성경을 굳게 믿기 때문에 단결합니다. 본문에서 보게 되는 것처럼, 십자가의 지혜와 능력은 세상의 것과 비교가 되지 않습니다. 우리는 우리가 행한 일이 아니라 하나님이 우리 안에서 행하신 일만 자랑할 수 있다는 사실을 깨달을수록 더욱 단결할 수 있습니다.

성경

고린도전서 1장 10~31절

HIS STORY

포 인 트	하나님은 십자가의 아름다움을 드러낼 수 있도록 교회가 힘써 하나가 되라고 하신다.

등 장 인 물

바울(그리스도를 따르는 자와 이방인의 사도가 된 전직 박해자)

아볼로(브리스길라와 아굴라의 도움을 받은 유창한 설교자)

메시지 좌표

우리 세상은 정치적으로나 사회적으로나 민족적으로나 경제적으로나 문화적으로나 화합이 필요합니다. 화합만큼 분열이 흔한 이 시대이지만 말입니다. 이들 영역에서 일어나는 분열의 원인은 다양하지만, 교회만큼은 한데 어울리는 모습을 보여야만 합니다. 사실 바울이 고린도 교회에 호소했던 것도 바로 이것이었습니다.

도입

풍자와 교훈을 주는 우화 가운데 가장 유명한 것으로 "이솝 우화"를 꼽을 수 있습니다. 비록 허구이고 주인공도 주로 동물이지만, 배울 점이 많습니다. 예를 들면 이런 것입니다.

"사자 한 마리가 소 네 마리가 머무는 들판을 거닐었습니다. 사자는 여러 차례 소들을 공격하려 했지만, 소들은 그때마다 꼬리를 서로 맞대고 단결했습니다. 사자가 어느 방향으로 오든 그 가운데 한 마리의 뿔로 막을 수 있기 때문입니다. 그러다 소들 사이에 다툼이 일어났고, 그 후에는 들판 구석으로 한 마리씩 흩어져서 풀을 뜯기 시작했습니다. 그러자 사자는 소를 한 마리씩 공격할 수 있었고, 마침내 네 마리 모두 잡아먹을 수 있었습니다."

소 네 마리가 단결하면 소에게 승산이 있지만, 흩어지면 사자에게 승산이 있습니다. 소들의 장점인 수적 우세가 사라졌기 때문입니다. 이와 유사한 이야기가 성경에도 있습니다. 우리를 삼키기 위해 두루 찾아다니는 대적 마귀가 있습니다(벧전 5:8). 마귀는 그리스도의 몸인 교회를 공격하기 좋아합니다. 성도를 흩을 수만 있다면 하나님 나라의 일을 비생산적으로 만들어 결국 그들을 쓰러뜨릴 수 있기 때문입니다.

하나님은 복음 전하는 일을 교회에 위임하셨습니다. 지역 교회의 한 부분인 우리를 통해 하나님 나라를 세우는 것이 하나님의 계획입니다. 십자가를 중심으로 모일 때 우리는 복음을 위해 강한 힘으로 일어설 수 있습니다. 악한 자의 계략에 맞설 수 있도록 하나님은 우리를 화목하게 하시고 강력하게 방어할 수 있게 하십니다. 단결은 꼭 필요한 방어선일 뿐만 아니라 복음을 온 천하에 전하는 임무에서도 필수 요소입니다.

▶   교회에 분열이 일어나는 이유는 무엇일까요? 그때 우리는 어떻게 대처해야 할까요?

진짜 연합은 그리스도 안에서

　　예수님을 잘 믿기 때문에 신앙의 모델로서 영웅처럼 따르는 사람이 있나요? 믿음의 영웅이 있는 것은 전혀 문제되지 않습니다. 바울도 고린도 교회를 비롯한 다른 교회들에게 자신을 주의 깊게 주시하고 자신의 행동을 모방하도록 격려했습니다(고전 4:16; 빌 3:17; 4:9). 이 말이 도에 지나치게 하라는 뜻은 아닙니다. 다시 말해서, 우리는 주위의 영적 지도자에게 너무 속박되지 않도록 주의해야 합니다. 주변의 영적 지도자들을 그들이 맡은 역할 그 이상으로 바라보지

도입 선택

'단결'이란 많은 사람이 마음과 힘을 한데 뭉치는 것을 말합니다. 가족, 친구, 교회, 단체, 기관, 민족 등 수많은 모임에서 단결을 부르짖습니다. 그런데 죄로 가득한 세상에서 사람이 모인 곳에는 어디나 불화가 있기 마련입니다. 그러나 그리스도인은 달라야 합니다. 조니 에릭슨 타다는 설명했습니다. "그리스도인은 하나가 되어야 하는 것이 아닙니다. 이미 하나이기에 이에 맞게 행동해야 합니다." 우리는 그리스도 안에서 이미 하나입니다. 우리의 행위가 아니라 그분이 우리를 위해 행하신 일 때문에 우리는 '그리스도 안'에 있습니다. 따라서 신자들 사이에는 경쟁이 있어서는 안 됩니다.

• 교회에서 모여 일할 때 항상 기억해야 할 주의사항에는 어떤 것이 있을까요?

않도록 주의해야 합니다.

우리가 인식하지 못할지라도, 고린도 교회에서 그랬던 것처럼 우리도 영적 지도자를 우상으로 떠받들기를 좋아합니다. 고린도 교회는 지도자를 따르기만 했던 것이 아니라, 그들과의 관계를 자랑거리로 여기며 그것을 토대로 거만하게 굴려고 했습니다.

모임에서 주도권을 대표나 유명인에게 과도하게 넘기는 모습이나, 또는 스스로 주도권을 쥐려고 애쓰는 사람을 본 적이 있나요? 이는 어떤 면에서 위험할까요?

• students

¹⁰형제들아 내가 우리 주 예수 그리스도의 이름으로 너희를 권하노니 모두가 같은 말을 하고 너희 가운데 분쟁이 없이 같은 마음과 같은 뜻으로 온전히 합하라 ¹¹내 형제들아 글로에의 집 편으로 너희에 대한 말이 내게 들리니 곧 너희 가운데 분쟁이 있다는 것이라 ¹²내가 이것을 말하거니와 너희가 각각 이르되 나는 바울에게, 나는 아볼로에게, 나는 게바에게, 나는 그리스도에게 속한 자라 한다는 것이니 ¹³그리스도께서 어찌 나뉘었느냐 바울이 너희를 위하여 십자가에 못 박혔으며 바울의 이름으로 너희가 세례를 받았느냐 ¹⁴나는 그리스보와 가이오 외에는 너희 중 아무에게도 내가 세례를 베풀지 아니한 것을 감사하노니 ¹⁵이는 아무도 나의 이름으로 세례를 받았다 말하지 못하게 하려 함이라 ¹⁶내가 또한 스데바나 집 사람에게 세례를 베풀었고 그 외에는 다른 누구에게 세례를 베풀었는지 알지 못하노라 ¹⁷그리스도께서 나를 보내심은 세례를 베풀게 하려 하심이 아니요 오직 복음을 전하게 하려 하심이로되 말의 지혜로 하지 아니함은 그리스도의 십자가가 헛되지 않게 하려 함이라 (고전 1:10~17)

• students

바울은 미성숙하고 다투는 교회를 향해 편지를 썼습니다. 그곳은 신생 교회였는데, 이 교회를 세운 사람 가운데 한 명이 바울이었습니다 (행 18:1~11). 바울은 이 교회를 세우고 나서 18개월 동안 복음의 진리로 섬겼고, 그 후에는 그들을 떠나 선교 여행을 계속했습니다. 그러나 얼마 지나지 않아서 교회가 불화한다는 보고를 받았습니다 (고전 1:11).

우리 각 사람은 커다란 퍼즐 가운데 한 조각입니다. 어느 한 조각도 다른 조각과 똑같지 않고, 홀로 모든 빈칸을 메울 수 없습니다. 다시 말해, 우리는 다른 사람이 없이는 완성될 수 없는 존재입니다. 그런데 고린도 교회 성도들은 각자가 원하는 방법대로 퍼즐을 맞추려고 노력했습니다. 자신이 원하는 지도자를 중심으로 모인 후, 자신의 무리가 다른 무리보다 나음을 증명하려고 애썼습니다. 그들은 영적 은사에 대해서도 어느 은사가 더 중요한지를 두고 싸웠습니다(고전 12~14장). 그러자 바울은 그리스도의 신부인 교회가 한 몸임을 깨닫게 했습니다. 하나님은 각 개인에게 필요하고 쓸모 있는 재능과 자원을 선물로 주셔서 더 큰 선을 위해 사용하도록 하십니다(고전 12장). 반면에 고린도 교회 성도들은 은사와 재능, 인기 있는 사람과의 인맥을 통해 자신을 섬기고 싶어 했습니다.

복음을 기초로 한 단결은 쉽게 무너지지 않습니다. 그러나 사람을 기초로 한 단결은 쉽게 무너집니다. 여러 지도자가 있던 고린도 교회는 불화하고 분열했습니다. 이러한 모습을 많은 직원과 강력한 지도자로 구성된 오늘날의 교회에서도 볼 수 있습니다. 그런데 한 명의 지도자 아래 모든 성도가 단결하는 교회 역시 위험합니다. 지도자가 교회를 떠난 후에 종종 이 위험성을 발견하게 됩니다. 그러나 복음은 불변합니다. 복음은 우리를 버리지 않습니다. 복음은 우리로 하여금 우연으로든 고의로든 편을 만들게 하지 않습니다. 그렇기 때문에 오직 복음을 기초로 단결해야 합니다.

복음은 서로 다른 사람들이 하나가 되게 하는 데 어떻게 도움을 줄까요?

미련한 십자가가 하나님의 지혜라니

바울은 오직 그리스도 안에서만 하나 되는 것이 가능하다는 사실을 드러낸 후에 십자가의 탁월함을 보여 주었습니다. 세상의 관점에서 볼 때 십자가는 말도 안되는 것입니다. 메시아의 증표를 찾고 있던 유대인들에게 메시아란 강력하고 확연한 방식으로 자신들을 구원해 줄 영광스러운 왕이었습니다. 그러므로 자발적으로 죽음의 길을 걸어간, 무식하고 하찮은 갈릴리 출신의 인물은 그들이 보기에 메시아 역할에 어울리지 않았습니다. 지혜를 추구하던 그리스인들도 그분을 받아들일 수 없었습니다. 왜냐하면 십자가에 못박히신 예수님은 전혀 지혜로워 보이지 않았기 때문입니다.

18십자가의 도가 멸망하는 자들에게는 미련한 것이요 구원을 받는 우리에게는 하나님의 능력이라 19기록된 바 내가 지혜 있는 자들의 지혜를 멸하고 총명한 자들의 총명을 폐하리라 하였으니 20지혜 있는 자가 어디 있느냐 선비가 어디 있느냐 이 세대에 변론가가 어디 있느냐 하나님께서 이 세상의 지혜를 미련하게 하신 것이 아니냐 21하나님의 지혜에 있어서는 이 세상이 자기 지혜로 하나님을 알지 못하므로 하나님께서 전도의 미련한 것으로 믿는 자들을 구원하시기를 기뻐하셨도다 22유대인은 표적을 구하고 헬라인은 지혜를 찾으나 23우리는 십자가에 못 박힌 그리스도를 전하니 유대인에게는 거리끼는 것이요 이방인에게는 미련한 것이로되 24오직 부르심을 받은 자들에게는 유대인이나 헬라인이나 그리스도는 하나님의 능력이요 하나님의 지혜니라 25하나님의 어리석음이 사람보다 지혜롭고 하나님의 약하심이 사람보다 강하니라 (고전 1:18~25)

그러나 하나님의 생각은 우리의 생각과 다르고, 그분의 길도 우리의 길과 다릅니다(사 55:8). 하나님이 십자가를 사용하셔서 그분의 백성을 구원하시는 것 역시 이 범주에 속합니다. 십자가형은 노예와 외국인을 사형하기 위해 로마가 택한 방법입니다. 로마인의 경우에는 반역죄를 범해야만 십자가에 못 박혔습니다. 이러한 이유로 인해, 유대인은 십자가를 볼 때 자신들을 점령한 나라의 폭정을 떠올릴 수밖에 없었습니다. 그들이 오랫동안 고대해 왔던 메시아가 결국 십자가에 못 박힌다는 것은 그들이 볼 때 어처구니없는 발상이었습니다. 유대인은 자신들을 억압으로부터 해방시켜 줄 분이 메시아라고 믿었기 때문입니다. 그래서 예수님의 십자가 사건을 목도한 사람은 그분을 메시아로 여길 어떠한 가능성을 남겨 둘 수 없었습니다. 메시아에 대한 개념이 없던 이방인도 십자가를 어리석은 것으로 치부했습니다. 사형당한 죄수를 영웅으로 간주하는 것은 터무니없는 생각이었기 때문입니다.

세상의 지혜는 십자가를 어리석은 방법으로 간주합니다. 하지만 하나님은 십자가를 통해서 세상의 지혜를 어리석게 만드셨습니다(고전 3:19). 십자가는 자신의 힘으로는 절대 용서받지 못할 죄인을 용서하기 위한 하나님의 계획이었습니다. 신생 교회였던 고린도 교회는 복음이 인간의 관점에서는 무의미하다는 사실을 기억해야만 했습니다. 그들 가운데 어느 누구도, 그리고 우리 가운데 어느 누구도 하나님의 은혜를 받기에 합당한 사람은 없습니다. 그러나 바로 이 '어리석음'이 그리스도인을 결속시켜 줍니다. 우리의 모든 차이에도 불구하고, 우리가 천상의 창조자로부터 받은 과분한 용서와 풍성한 영적 축복이 우리를 단결하게 합니다. 우리의 배경, 영적 은사, 혹은 우리가 고수하는 의견과 무관하게 우리는 십자가를 통해서 영생을 얻게 됩니다. 복음은 그리스도인의 공통분모입니다.

자랑할 게 없다는 걸 알아

바울은 겸손을 통해 화목할 수 있다는 사실도 언급했습니다. 이것을 살펴봅시다.

²⁶형제들아 너희를 부르심을 보라 육체를 따라 지혜로운 자가 많지 아니하며 능한 자가 많지 아니하며 문벌 좋은 자가 많지 아니하도다 ²⁷그러나 하나님께서 세상의 미련한 것들을 택하사 지혜 있는 자들을 부끄럽게 하시고 세상의 약한 것들을 택하사 강한 것들을 부끄럽게 하시며 ²⁸하나님께서 세상의 천한 것들과 멸시받는 것들과 없는 것들을 택하사 있는 것들을 폐하려 하시나니 ²⁹이는 아무 육체도 하나님 앞에서 자랑하지 못하게 하려 하심이라 ³⁰너희는 하나님으로부터 나서 그리스도 예수 안에 있고 예수는 하나님으로부터 나와서 우리에게 지혜와 의로움과 거룩함과 구원함이 되셨으니 ³¹기록된 바 자랑하는 자는 주 안에서 자랑하라 함과 같게 하려 함이라 (고전 1:26~31)

하나님이 어떤 사람을 선택하셨는지에 주목해 봅시다. 하나님이 선택하신 사람들은 지혜롭거나 권력이 있지 않았고, 훌륭한 가문 출신도 아니었습니다. 오히려 연약하고 하찮으며 멸시당하는 사람들이었습니다. 그들의 이력서에는 화려한 경력이 하나도 없었습니다. 하나님은 왜 세상이 간과하는 사람을 선택하셨을까요? 바울은 이 질문에 대해 두 차례에 걸쳐 답변했습니다. 아무도 자신의 행위를 자랑하지 않고, 오히려 하나님이 행하신 일을 자랑하도록 만들기 위해서였습니다 (고전 1:29, 31). 이러한 하나님의 선택은 우리에게 그분의 은혜를 상기시키고 우리를 겸손으로 인도합니다. 우리의 구원은 우리가 누구인지, 무슨 일을 했는지에 달려 있지 않습니다. 우리가 우리 자신을 자랑할 수 없는 것은, 우리 안에 자랑할 만한 것이 아무것도 없기 때문입니다.

신실하고 사랑이 많으며 의로운 심판자이신 주님을 아는 것은 큰 영예입니다. 그리스도인으로서 우리에게는 자랑할 것이 참 많습니다. 다시 말하지만, 이것은 우리의 공통분모입니다. 교회 건물 외관에 대한 선호도가 다를 수 있고, 주일 예배의 세부 사항에 대한 견해가 다를 수 있습니다. 하지만 우리는 다른 사람에게 하나님을 신실하고 사랑이 많은 구원자로 가리킬 수 있다는 점에서 마음을 모을 수 있습니다. 시선을 자신의 능력이나 편견 대신 예수님께 집중할 때, 그분의 이름이 널리 퍼지기를 바라게 됩니다. 또한 기쁜 마음으로 온 땅을 향해 그분의 선하심을 선포하려는 열정이 넘치게 됩니다.

하나님이 행하신 분명한 일을, 마치 자신이 한 것처럼 자랑하고 싶은 유혹을 느낀 적이 있나요? 하나님이 우리의 삶에 행하신 일을 고백하기 위해서는 우리의 생각을 어떻게 바꾸어야 할까요?

알짬 교리**99**

그리스도의 몸

신약은 교회를 그리스도의 몸으로 묘사합니다. 교회는 그리스도를 머리로 하며(골 1:18), 이 땅에서 그리스도의 대리인으로 존재하며 활동합니다. 이것은 교회가 그리스도의 사역의 연장으로서, 대위임령(마 28:18)을 실행함으로써 그리스도께서 하신 일을 이루어 나간다는 것을 의미합니다. 이에 더하여 교회를 그리스도의 몸으로 묘사함으로써 우리는 각 그리스도인이 서로 연결되어 있으며, 성장과 성화를 위해 서로 의지하고 있음을 보게 됩니다(고전 12장).

그리스도와의 연결

바울은 복음이 사람들의 기대를 뒤엎고 구원에 대한 모든 자랑을 끝낸다는 사실을 상기시키면서 고린도 교회의 분열을 다루었습니다. 예수님은 우리의 지혜, 의, 성화, 구속이십니다. 따라서 하나님의 백성에게는 이기적인 자랑이나 분열이 있어서는 안 됩니다.

YOUR STORY

하나님이 들려주시는 이야기는 오늘을 사는 나와 늘 연결되어 있습니다. 아래 질문에 답하면서 성경 이야기가 내 이야기와 어떻게 연결되는지 생각해 봅시다.

▶ **사람은 모든 면에서 서로 다르지만 하나 될 수 있습니다. 이를 위해 복음은 어떻게 우리를 도와줄까요?**
1과에서 분명히 밝혔던 것처럼, 사람은 모두 다릅니다. 하지만 그리스도인에게는 구원자가 그리스도라고 하는 공통분모가 있습니다. 그리스도 때문에, 그리고 그분이 십자가에서 이루신 일 때문에 우리는 그분 안에서 공통점이 있다는 사실을 기억해야 합니다. 그리고 이 사실 외에 다른 것을 자랑하고 싶은 유혹을 느낄 때 그것을 뿌리쳐야 합니다.

▶ **그리스도가 아닌 우리 자신에게 관심을 집중하는 모습에는 어떤 것이 있나요?**
이 질문에 관한 답변은 다양할 것입니다.

▶ **하나님이 여러분을 그분께 더 가까이 이끌기 위해 사용하신 영적 지도자가 있나요? 그 지도자가 가르쳐 준 것은 무엇인가요?**
이 질문에 관한 답변은 다양할 것입니다.

▶ **다른 사람의 재능과 은사를 바른 관점에서 보려고 할 때 복음은 어떤 도움을 줄까요?**
복음을 통해 우리는 자신의 은사와 재능에 집중하지 않을 수 있고, 그것을 자신의 평가를 좋게 하는 데에 사용하지 않을 수 있습니다. 도리어 예수님이 우리를 섬겨 주셨던 것처럼 우리도 다른 사람을 섬겨야 함을 깨닫게 됩니다.

하나님의 이야기
하나님이 그분의 아들 예수 그리스도를 통해 우리를 구속해 주신 이야기

우리의 이야기
우리의 이야기가 하나님의 이야기와 만나는 곳

YOUR MISSION

생각

그리스도인에게는 보고 따를 수 있는 경건한 모범이 필요합니다. 히브리서 13장 7절에 의하면 이런 지도자는 하나님의 말씀에 따라 말하고, 하나님의 말씀에 따라 살아갑니다. 또한 이 기준은 우리가 지도자 가운데 누구에게 주목해야 할지 판가름할 수 있도록 도와줍니다. 하나님의 말씀을 사랑하고 그것을 제대로 해석하는 지도자가 있나요? 하나님의 말씀을 입으로만 말하는 것이 아니라 일상생활에서 실천하는 지도자가 있나요? 만일 그렇다면 그 지도자에게 주목하고, 그들로부터 배워야 합니다.

- **개인적으로 존경하는 믿음의 영웅은 누구인가요?**
  이 질문에 관한 답변은 다양할 것입니다.
- **지도자가 걸어온 믿음의 여정과 그 결과를 검토한 후 그들을 따르라고 했던 히브리서 저자의 지시가 중요한 이유는 무엇일까요?**
  히브리서 저자는 영적으로 존경할 만한 지도자에게는 신실하게 오랫동안 순종했던 시간이 있다고 조언해 주었습니다. 신실하게 순종해 온 시간이 길지 않거나, 신실했다가 불순종의 길을 간 사람을 지도자로 여길 사람은 없습니다.

마음

하나님이 교만에 대해 어떻게 생각하시는지 우리는 잘 압니다. 하나님은 교만한 자를 물리치고 대적하시지만, 겸손한 자에게는 은혜를 주십니다(시 138:6; 잠 3:34; 눅 1:52; 약 4:6; 벧전 5:5). 하나님이 이렇게 하시는 이유가 무엇일까요? 교만과 자랑이란 근본적으로 '나 혼자로 충분하고 하나님은 필요 없다'라고 하는 자기 선언이기 때문입니다. 그러므로 우리는 하나님 앞에서 겸손하기 위해 자기 자랑과 과시를 주의해야 합니다.

- **그리스도인이 개인적으로 그리스도의 겸손과 섬김과 순종을 닮아 가는 것에 집중하는 것은, 그들이 속한 교회의 단결을 이끄는 데에 어떤 도움을 줄까요?**
  이 질문에 관한 답변은 다양할 것입니다.
- **남에게 자랑하느라 하나님과의 친밀한 관계가 가로막힌 삶의 영역이 있나요?**
  이 질문에 관한 답변은 다양할 것입니다.

행동

우리는 섬김을 받기 위해 그리스도의 몸인 교회를 자주 찾습니다. 교회는 예수님의 손과 발의 역할을 하는 곳이기에 우리가 교회에서 섬김과 사랑을 받는 것은 마땅합니다. 그러나 겸손하게 서로 섬기지 않고, 하나님의 백성에게서 무엇인가를 얻어 내려고만 하는 것은 잘못입니다. 예수님은 섬김을 받기 위해서가 아니라 섬기기 위해 이 땅에 오셨습니다. 이 겸손의 본보기에서 우리의 화목이 시작됩니다.

- **교회에서 무엇인가를 얻어 내려고만 하는 생각이 잘못된 이유는 무엇일까요?**
  교회는 단지 서로 머물기만 하는 곳이 아니라 함께 참여하는 곳이기 때문입니다.
- **이미 받은 것을 주위에 돌려줄 수 있도록 이번 한 주 동안 어떻게 섬길 수 있을까요?**
  이 질문에 관한 답변은 다양할 것입니다.

> 다음 모임까지
> **마가복음 11~16장을**
> 읽어 보세요.

03

우리에게 필요한 건 긍휼이야

요 약

하나님은 우리를 거룩한 삶, 즉 그분의 영광을 위해 구별된 백성으로 살도록 부르셨습니다. 하지만 우리는 세상에서 격리된 채 가장 편한 사람 옆에 머물기 위해 구원받은 것이 아닙니다. 우리는 그리스도를 닮은 성품, 선교를 지향하는 행동, 성경적 믿음을 통해 구별되어야 하며, 이것들은 피부색, 경제적 지위, 정치적 신념이 어떠하든 그리스도를 필요로 하는 사람에게 우리를 이끌어야 합니다. 복음으로 얻게 된 소망과 긍휼을 전하는 우리의 독특한 삶은 주위 사람들에게 하나님의 영광을 드러낼 것입니다.

성 경

야고보서 2장 1~13절

HIS STORY

포 인 트	하나님은 우리가 모든 사람을 차별하지 않으며 그들에게 긍휼하기를 원하신다.
등 장 인 물	야고보(예수님의 형제, 예루살렘 교회의 지도자)
메시지 좌표	사도 야고보는 하나님의 백성이 다른 사람을 차별하면 안 된다고 편지했습니다. 지금 시대와 유사한 문화에 살던 야고보서의 수신자들은 차별이라는 유혹에 직면해 있었습니다. 그런데 차별은 복음을 실천하고 하나님 명령을 따르는 것과 정반대라는 사실을 야고보는 분명히 알았습니다.

도 입)

성경 공부를 시작하기 전에 몇 분 동안 시편 96편을 읽으세요. 첫 번째 읽을 때에는 모든 명령에 밑줄을 치세요. 두 번째 읽을 때에는 포괄적 특성을 나타내는 모든 언급에 동그라미를 치세요(예를 들어, "온 땅이여," "만민," "백성들" 등).

우리가 한국에 살든 다른 나라에 살든, 현재 이 세상은 우리의 참된 고향이 아닙니다. 그리스도인은 구원받고 새로운 정체성을 얻었는데, 여기에는 하나님 나라의 시민권도 포함됩니다. 우리는 안심할 만한 지식과 사람을 믿으려는 마음을 떨쳐 버려야 합니다. 정치적 성향이나 문화적 정체성은 영원에 비추어 볼 때 큰 의미가 없습니다. 우리는 각 나라에 복음을 전함으로써 그리스도께 영광을 돌리기 위해서 살아갑니다. 죄와 죽음의 사슬에 묶인 모든 영혼에게 그리스도의 자유를 전하기 위해서는 사회적, 정치적, 문화적, 국가적 경계선을 기꺼이 넘어서야 합니다.

▶ 하나님이 모든 사람을 사랑하시듯, 그와 동일한 사랑으로 다른 사람을 바라보나요?

하나님의 형상을 어떻게 차별하니

students

야고보는 세상에 물들지 않도록 권면했습니다. 우리는 거룩해야 하는데, 이는 세상과 달라야 한다는 의미입니다. 야고보는 차별 문제를 언급함으로써 세상에 물들지 않고 거룩함을 지키는 주제를 이어 나갔습니다.

차별 때문에 어려움을 겪은 적이 있나요?

students

[1]내 형제들아 영광의 주 곧 우리 주 예수 그리스도에 대한 믿음을 너희가 가졌으니 사람을 차별하여 대하지 말라 [2]만일 너희 회당에 금가락지를 끼고 아름다운 옷을 입은 사람이 들어오고 또 남루한 옷을 입은 가난한 사람이 들어올 때에 [3]너희가 아름다운 옷을 입은 자를 눈여겨 보고 말하되 여기 좋은 자리에 앉으소서 하고 또 가난한 자에게 말하되 너는 거기서 있든지 내 발등상 아래에 앉으라 하면 [4]너희끼리 서로 차별하며 악한 생각으로 판단하는 자가 되는 것이 아니냐(약 2:1~4)

그리스도인이라면 예수님이 영광의 주님이심을 믿고 그것을 고백해야 합니다. 주위에 명백히 드러날 정도로 믿어야 합니다. 우리의 믿음과 행동이 일치해야 합니다. 하지만 야고보는 교회가 자신들이 지키겠다고 고백한 믿음과 다르게 행동했다는 이야기를 들었고, 이로 인해 그들에게 비유를 들어 자신의 뜻을 전했습니다.

야고보는 그들이 모인 곳에 한 부자가 들어오고, 그 후 한 가난한 사람이 들어오는 장면을 상상해 보라고 했습니다. 이 두 사람을 대하는 그들의 태도를 상상해 볼 수 있나요? 부자에게는 좋은 자리를 내어 준 반면, 가난한 사람에게는 서 있거나 바닥에 앉으라고 퉁명스럽게 명령하지는 않았을까요? 그렇다면 그들은 부자가 가난한 사람보다 더 대우받는 것이 마땅하다는 자신들의 믿음대로 행동한 것입니다. 그러면서 자신들의 행위를 통해, 부자를 편애하는 사악한 생각을 드러내고 말았습니다.

야고보 시대의 독자들은 침을 꿀꺽 삼켰을 것입니다. 바로 그들을 향한 말이었기 때문입니다. 이 말을 우리도 똑같이 들을 수 있습니다. 우리도 그들 못지않게 차별이라는 죄를 범하기 쉽습니다.

그리스도인은 자신이 살아가는 방식을 통해 구원이 무엇인지를 드러냅니다. 그리스도인이 인종, 지위, 성향 등 한 개인의 특성을 놓고 차별하는 것은 모순입니다. 그리스도인은 외적인 조건으로 사람들을 차별해서는 안 됩니다. 차별하는 것은 그리스도인이 섬기고 전하는 하나님의 성품과 일치하지 않기 때문입니다. 성경은 하나님이 사람을 외모로 취하지 않으신다고 분명히 전합니다(롬 2:11). 하나님의 형상을 닮은 우리는 사람들의 외모, 사람들이 믿거나 믿지 않는 것, 사람들이 우리를 위해 할 수 있거나 할 수 없는 일 때문에 차별해서는 절대로 안 됩니다.

> '차별하다'라는 표현이 신약에서 네 번 나오는데(약 2:4 외의, 롬 2:11; 엡 6:9; 골 3:25 세 구절에서는 '외모로 취하다'로 번역됨-역주), 이는 하나님이 사람을 차별하지 않으신다는 사실을 언급합니다. 사람을 차별함으로써 죄를 범하는 것은 하나님이 모든 남녀를 평등하게 만들지 않으셨음을 전제로 합니다. 따라서 사람을 차별하는 사람은 '악한 생각'을 품는 죄를 범한 것입니다(약 2:4).
> R. 그레그 왓슨 R. Gregg Watson

세상에서 하나님 나라 살기

야고보는 차별이라는 죄를 계속 다루면서, 교회가 가난한 사람 대신 부자의 편을 들 때, 또는 그 외의 다른 어떤 이유로 차별하는 모습을 보일 때 그들이 무슨 일을 하고 있는지 분명히 알기를 원했습니다. 그는 다음과 같이 편지에 썼습니다.

⁵내 사랑하는 형제들아 들을지어다 하나님이 세상에서 가난한 자를 택하사 믿음에 부요하게 하시고 또 자기를 사랑하는 자들에게 약속하신 나라를 상속으로 받게 하지 아니하셨느냐 ⁶너희는 도리어 가난한 자를 업신여겼도다 부자는 너희를 억압하며 법정으로 끌고 가지 아니하느냐 ⁷그들은 너희에게 대하여 일컫는 바 그 아름다운 이름을 비방하지 아니하느냐(약 2:5~7)

차별은 단순히 자신의 잇속만 차리는 행위이기 때문에 악한 것이 아닙니다. 그보다 훨씬 사악한 것입니다. 차별은 복음 자체를 약화시키는 것이기 때문입니다. 야고보는 하나님이 세상의 가난한 사람으로 하여금 믿음 안에서 부유하도록 선택하셨다는 사실을 교회가 기억하도록 했습니다(시 68:10; 마 5:3). 우리는 재정적이든 영적이든 여러 가지 이유 때문에 다른 사람의 도움을 필요로 하며 살아갈 수밖에 없습니다. 이처럼 우리가 무기력한 상태에 있을 때 복음은 우리 마음에 뿌리를 내리고 자라나기 시작하는 것입니다. 우리가 하나님의 은혜를 우리 삶에 넘쳐흐르게 경험하기 시작하는 것은 바로 복음 때문입니다.

사실 차별은 매우 심각한 문제입니다. 야고보는 부유한 사람을 우대하고 가난한 사람을 배척한다면, 억압하는 사람과 억압당하는 사람을 두 편으로 갈라서 억압하는 사람의 편에 서는 것이라고 지적했습니다. 그들 역시 억압당하는 사람들이면서도 말입니다. 부자는 어느 정도는 가난한 사람을 억압함으로써 부자가 되었고, 가난한 사람은 부자의 억압 탓에 가난해진 부분이 있습니다. 하나님의 백성이 가난한 사람의 편에 서지 않고 억압자의 비위를 맞추며 혜택을 보려고 한다면 그것은 교회의 사고방식이 복음에 의해 변화되지 않았음을 보여 줍니다.

이러한 경우는 교회가 세상의 방식대로 행동한 것인데, 그러나 복음은 우리의 관점을 철저히 바꿉니다. 하나님은 모든 것을 뒤집어엎으십니다.

하나님은 세상이 가치 있게 여기고 따르고 박수 치는 것과 정반대의 자리로 우리를 부르십니다. 우리는 영원을 바라보면서 하나님을 따릅니다. 그런 우리의 목표, 소망, 선택은 그리스도를 모르는 사람의 그것과 근본적으로 다를 수밖에 없습니다. 세상은 우리가 유행을 따르도록 끊임없이 우리를 부추길 것입니다. 이따금 기독교적 가치와 신념이 세상의 질서와 일치할 때도 있지만 그렇지 않은 경우가 더 많습니다. 우리는 지금 사는 세상이 우리의 고향이 아님을 계속해서 기억해야만 합니다. 우리는 섬김을 받기 위해서가 아니라, 섬기기 위해서 존재합니다. 우리 삶도 내 것이 아니라 하나님께 드리는 제물이어야 합니다.

세상의 뜻이 아닌 하나님의 뜻대로 목표를 세우고, 소망을 품고, 선택을 하고 있나요?

한마디로, 차별은 죄라고

그리스도인이 그리스도 안에서 얻은 새로운 정체성을 기억하지 않으면 다른 사람을 판단하기 쉽습니다. 이에 대해 야고보는 다음과 같이 그의 말을 이어 나갔습니다.

8너희가 만일 성경에 기록된 대로 네 이웃 사랑하기를 네 몸과 같이 하라 하신 최고의 법을 지키면 잘하는 것이거니와 9만일 너희가 사람을 차별하여 대하면 죄를 짓는 것이니 율법이 너희를 범법자로 정죄하리라 10누구든지 온 율법을 지키다가 그 하나를 범하면 모두 범한 자가 되나니 11간음하지 말라 하신 이가 또한 살인하지 말라 하셨은즉 네가 비록 간음하지 아니하여도 살인하면 율법을 범한 자가 되느니라 12너희는 자유의 율법대로 심판받을 자처럼 말도 하고 행하기도 하라 13긍휼을 행하지 아니하는 자에게는 긍휼 없는 심판이 있으리라 긍휼은 심판을 이기고 자랑하느니라 (약 2:8~13)

야고보는 듣기 좋게 꾸며서 말하지 않았습니다. 차별이 죄임을 분명하게 밝혔습니다. 하나님의 마음을 거스르는 판단과 편애일 뿐 아니라 마음에서 나오는 위선이었습니다. 우리는 최악의 상태에서 구원받았습니다. 그리스도 께서 우리가 하나님의 가족이 될 수 있도록 하나님의 진노를 짊어지셨는데 (벧전 2:9~10 참조) 우리에게는 그분께 바칠 것이 아무것도 없었습니다. 우리는 집도 없고 아버지도 없는 절망적인 상태의 고아였습니다. 그런 우리를 하나 님은 구원하셨고, 우리에게 그분의 영원한 나라의 풍성함과, 그분의 사랑을 받는 자녀의 지위를 허락해 주셨습니다. 우리가 가진 모든 것은 오직 하나님 께 받은 것입니다.

우리는 그리스도 안에서 이미 경험한 것이나 변화된 사실 때문만이 아니 라, 앞으로 경험하게 될 다른 것들 때문에도 긍휼을 베풀어야 합니다. 우리 자 신이 앞으로 긍휼히 여김을 받을 것이기 때문에 다른 사람을 긍휼히 여겨야 합 니다. 우리의 정신이 번쩍 들게 할 만한 사실이 있습니다. 우리는 자신이 했던 모 든 말과 행동에 따라 언젠가 심판받게 될 것이라는 사실입니다(마 12:36~37; 롬 2:6~11; 고후 5:10). 그날에 그리스도의 심판대 앞에 서서 우리는 크든 작든 자신이 내뱉은 모든 말, 자신이 행한 모든 행위를 헤아림받게 될 것입니다. 야고보는 우리가 행한 차별로 입증되었듯이, 모든 사람이 율법을 어긴 자로서 죄인으로 정죄되었다는 사실을 조심스럽게 지적했습니다(약 2:9~11).

그런데 우리는 그날에 어떤 일이 일어날지 이미 잘 알고 있습니다. 그리스 도로 말미암아 우리의 모든 죄가 제거될 것이고, 우리는 그리스도 안에서 순결 하고 의로운 모습으로 하나님 앞에 서게 될 것입니다. 또한 하나님이 베푸시는 긍휼을 경험하게 될 것입니다. 이 위대한 소망으로 말미암아 우리는 다른 사람 들에게 기꺼이 풍성하게 긍휼을 베풀 수 있어야 합니다. 긍휼은 우리가 했던 판 단을 이깁니다. 그러니까 다른 사람을 판단할 것이 아니라 '그들에게' 긍휼을 베풀어야 합니다.

다른 사람을 긍휼히 여길 수 없다고 느낄 때에, 판단하는 자세가 아닌 은 혜로 반응할 수 있는 방법은 무엇일까요?

알짬 교리 **99**

공의로우신 하나님

하나님은 창조하신 도덕적 피조물을 위하여 그분의 의와 일치하는 표준을 세우셨고, 그들은 그 의로운 표준대로 심판받을 것입니다(레 11:44~45; 롬 2:5~11; 고후 5:10). 만일 하나님이 심판하지 않으신다면, 그것은 의로우신 하나님의 성품에 어긋나기 때문에 부당한 일이 될 것입니다. 인류는 하나님의 의로운 표준대로 사는 데에 실패함으로써 죄를 범했기 때문에, 하나님은 스스로도 의로우시고 그리스도를 믿는 사람도 의롭게 만드시는 조치를 취하셨습니다(롬 3:25~26).

그리스도와의 연결

초대교회가 차별하는 모습을 보이자 야고보는 하나님의 긍휼과 심판에 입각해서 그들의 정체성을 상기시켰습니다. 우리가 예수 그리스도에 대한 믿음을 보여 줄 수 있는 방법은 하나님이 주신 법을 지키고, 그분이 심판보다 선호하시는 긍휼을 선포하는 것입니다. 이 긍휼은 우리 때문에 당하신 예수님의 대속적인 죽음에서 가장 잘 드러납니다. 하나님이 예수 그리스도를 통해 우리에게 긍휼을 베풀어 주셨기에, 우리도 다른 사람에게 긍휼을 베풀어야 합니다.

"

사람들은 내게 말하곤 합니다. '선교할 마음이 더 생겼으면 좋겠어요.' 그럴 때면 나는 늘 이렇게 대답해 줍니다. '어떻게 해야 할지 예수님이 정확히 알려 주셨습니다. 당신의 돈을 선교에 쓰세요. 교회와 가난한 자에게 쓰라는 뜻입니다. 그러면 마음이 우러날 것입니다.'
랜디 C. 알콘 Randy C. Alcorn

"

YOUR STORY

하나님이 들려주시는 이야기는 오늘을 사는 나와 늘 연결되어 있습니다. 아래 질문에 답하면서 성경 이야기가 내 이야기와 어떻게 연결되는지 생각해 봅시다.

▶ 주위 사람들이 나를 통해 어떤 식으로 그리스도를 경험하고 있다고 생각하나요?
  이 질문에 관한 답변은 다양할 것입니다.

▶ 복음과 세상 방식 가운데 어떤 것을 따르고 있나요? 복음 대신 세상의 편에 서서 세상의 가치관에 따라 행동하고 생각하는 때는 언제인가요?
  이런 식으로 답할 수 있을 것입니다. 사람을 외모로 판단하거나, 일을 기준으로 가치를 매기거나, 자신의 편에 서지 않으면 무시하는 등의 행동을 할 때입니다.

▶ 사람의 기준에는 미련해 보이는 것을 알면서도 영원의 관점에서 중대한 결정을 내렸던 경험이 있나요?
  이 질문에 관한 답변은 다양할 것입니다.

▶ 다른 사람을 판단하지 않고 차별하지 않는 것에 관해서 어떤 도전을 받았나요?
  이 질문에 관한 답변은 다양할 것입니다.

하나님의 이야기
하나님이 그분의 아들
예수 그리스도를 통해
우리를 구속해 주신 이야기

우리의 이야기
우리의 이야기가
하나님의 이야기와
만나는 곳

YOUR MISSION

생 각

하나님 나라는 각 족속과 방언과 나라에서 온 사람들로 가득할 것입니다. 그러나 우리와 동일한 외모를 가지고, 똑같이 말하고 행동하는 사람들만 있는 것이 아닙니다. 우리의 영원한 고향에는 아름답고 기쁨이 가득한 각양각색의 목소리들이 어우러질 것입니다. 그 영광스러운 날을 예비하기 위해 오늘날 우리의 교회보다 더 좋은 곳은 없습니다.

● **우리 교회는 다양성을 가치 있게 여기나요? 그것을 어떤 식으로 지지하나요?**
이 질문에 관한 답변은 다양할 것입니다.

● **그리스도인이 다양성을 위해 침묵하지 않고 투쟁하는 것이 중요한 이유는 무엇인가요?**
말과 행동은 믿음과 확신의 직접적인 결과입니다. 우리가 만일 성경이 묘사하듯이 하나님이 다양성을 원하고 사랑하신다는 사실을 진심으로 믿는다면, 교회에서 다양성이 나타나도록 목소리를 높여야 할 것입니다.

마 음

긍휼을 절실히 필요로 하는 사람에게 그것을 베풀지 않고 있다면, 돌이켜 자신의 마음을 살펴봐야 합니다. 말만이 아니라 근본적으로 마음이 변화되었나요? 하나님은 끝없는 자비, 변함없는 사랑, 깊은 인자를 베푸십니다. 우리는 하나님의 은혜로 그분의 자녀가 되었고 구원을 경험했습니다. 우리는 이 경험을 삶의 원동력으로 삼고, 주위의 모든 사람에게 하나님의 영광을 드러내야 합니다.

● **다른 사람을 긍휼히 여기는 것이 힘든 이유는 무엇일까요?**
종종 부당한 취급을 당했다고 느끼거나 상대방이 긍휼히 여김을 받을 자격이 없다고 느끼기 때문에 다른 사람을 긍휼히 여기는 것이 어렵습니다.

● **마태복음 18장의 용서하지 않은 종의 비유를 읽어 보세요(마 18:21~35). 이 비유는 다른 사람에게 긍휼을 베풀어야 한다는 점에 관해 무엇을 가르쳐 주나요?**
간단히 말해서, 이 본문은 만일 하나님이 우리를 긍휼히 여기실 수 있다면, 하나님께 빚진 우리도 역시 다른 사람을 긍휼히 여겨야 한다는 것을 가르쳐 줍니다.

행 동

그리스도인은 편파적인 태도에서 벗어나야 합니다. 인종 차별, 성차별, 엘리트주의 등 수많은 편견이 교회를 어지럽히고 있습니다. 교회의 위대하고 참된 증표 가운데 하나는 긍휼입니다. 우리는 상처받고 고통받고 따돌림당하고 소외된 사람에게 긍휼, 자비, 관심을 보여야 합니다. 이를 통해 우리는 생각보다 더 많은 공통점을 그들과 공유한다는 사실을 발견하게 될 것입니다. 우리는 모두 구원자가 필요하고 구원받아야만 합니다. 긍휼과 은혜가 필요합니다.

● **우리 삶에 드러나는 편파적인 태도에는 어떤 것이 있나요? 하나님의 긍휼을 드러내기 위해서는 어떻게 해야 할까요?**
이 질문에 관한 답변은 다양할 것입니다.

● **상처받고, 고통받고, 따돌림당하고, 소외된 사람에게 사랑과 긍휼을 전하기 위해서 어떤 적극적인 노력을 하고 있나요?**
이 질문에 관한 답변은 다양할 것입니다.

다음 모임까지
누가복음 19:28~24:53
을 읽어 보세요.

04

새로운 정체성으로
살아가기

요약

우리 각 사람은 그리스도의 몸이라는 전체 가운데 일부입니다. 모든 그리스도인은 하나님의 선택을 받고 엄청난 긍휼을 입은 사람이라는 새로운 정체성에서 흘러나오는 행동을 합니다. 우리는 우리의 밑바탕과 모범이신 그리스도와 함께, 하나님의 사역과 영광을 위해 구별된 새로운 목표와 소명을 받았습니다.

성경

베드로전서 2장 1~17절

HIS STORY

포 인 트	교회는 하나님의 백성이라는 정체성을 토대로 세상 방식과는 다른 방식으로 살아야 한다.

포 인 트   교회는 하나님의 백성이라는 정체성을 토대로 세상 방식과는 다른 방식으로 살아야 한다.

등 장 인 물   베드로(예수님의 열두 제자 가운데 한 명으로, 초대교회를 이끄는 주요 사도가 되었음)

메시지 좌표   교회란 무엇일까요? 그리스도인이 일주일에 몇 번 모이는 장소에 불과할까요? 아니면 장소 이상의 의미가 있을까요? 사도 베드로의 말에 따르면, 교회의 의미는 물리적인 건물보다 훨씬 큰 것이 확실합니다. 그는 하나님이 교회를 창조하실 때 계획하셨던 아름다움과 정교함을 보여 주기 위해 비유를 사용해서 이야기했습니다.

도입

차를 타고 전국을 다니다 보면 유적지나 국립공원의 표지를 볼 때가 있습니다. 그 역사적 의미나 자연적 가치를 글로 보는 방법도 있지만, 직접 가서 둘러보며 체험하는 방법도 있습니다. 그러면 유적지는 그 역사적 사건, 인물, 가치와 중요성을 분명히 드러내 줄 것이고, 국립공원은 훼손되지 않은 자연의 아름다움을 선명하게 보여 줄 것입니다.

▶ 유적지나 국립공원을 가 본 적이 있나요? 가장 인상에 남는 곳은 어디인가요?

그리스도인의 삶에도 이와 비슷한 면이 있습니다. 그리스도인은 생명이 없는 돌처럼 무의미한 존재가 아닙니다. 구원자의 영광을 위해 호흡하며 살아가는 하나님의 형상으로서, 하나님의 이름과 존엄을 주위에 드러내며 살아가는 존재입니다.

유적지나 국립공원을 유지하기 위해 많은 관심과 노력을 기울이는 것처럼, 그리스도인은 힘써 소명을 따라 살아야 합니다. 하나님은 우리의 삶에 위대한 목적을 갖고 계십니다. 우리는 죄로부터 구원받았을 뿐만 아니라 소명을 감당하도록 구원받았습니다. 그리스도께서 주신 의의 토대 위에 굳건히 서서 새로운 정체성과 참된 집을 기억하면 소명을 따를 수 있습니다. 우리는 복음 사역과 하나님의 영광을 위해 따로 구별된 존재입니다.

죄에 지지 말고 끝까지 싸우자

하나님은 우리가 영원히 그분의 선하심을 경험할 수 있도록 견고한 토대를 주셨습니다. 그리스도의 순종적 삶, 죄 없는 희생, 부활의 권능을 통해 우리는 믿음으로 견고히 설 수 있습니다. 베드로전서는 근본 진리로 가득합니다. 베드로가 제시한 진리 가운데 하나는 '산 돌로서의 교회'입니다. 우리는 들을 수 있는 모든 사람에게 영광스러운 주님의 구원을 선포하는, 감사 고백이 넘치는 산 돌로서 이 땅에 있습니다.

¹그러므로 모든 악독과 모든 기만과 외식과 시기와 모든 비방하는 말을 버리고 ²갓난아기들같이 순전하고 신령한 젖을 사모하라 이는 그로 말미암아 너희로 구원에 이르도록 자라게 하려 함이라 ³너희가 주의 인자하심을 맛보았으면 그리하라 ⁴사람에게는 버린 바가 되

도입 선택

운동을 하고 올바른 식습관을 유지하는 것은 건강의 비결입니다. 그런데 프로 미식축구 선수들의 운동 수준은 차원이 다릅니다. 그들은 속도, 민첩성, 내구력, 근력을 훈련합니다. 오전 6시부터 오후 7시까지 운동 시설에 머무는 것은 흔한 일입니다. 이들은 이러한 고강도 훈련뿐만 아니라 몇 시간 동안 경기 영상을 분석하고, 팀 모임에 참여하고, 지역 행사나 자선 행사에 참석합니다. 미식축구 선수라는 정체성 때문에 엄격한 음식 조절, 훈련, 팀의 요구 사항을 준수하면서 일반인과 전혀 다른 삶을 살아갑니다.

• 운동선수의 생활에 관해 놀란 부분이 있나요? 그렇거나 그렇지 않다면, 그 이유는 무엇인가요?

그리스도인은 그리스도의 추종자라는 정체성 때문에 세상 사람과 구별됩니다. 소명을 이루기 위해서는 하나님의 말씀을 읽음으로써 끊임없이 의를 훈련하는 특별한 방법이 필요합니다(딤후 3:16). 우리는 하나님의 백성으로서의 정체성을 따라 살기 때문에 세상과 구별되는 것입니다.

• 세상 방식과 다르게 살기 위해서 고치거나 새로 만들어 내야 할 습관이 있다면 어떤 것일까요?

었으나 하나님께는 택하심을 입은 보배로운 산 돌이신 예수께 나아가 ⁵너희도 산 돌같이 신령한 집으로 세워지고 예수 그리스도로 말미암아 하나님이 기쁘게 받으실 신령한 제사를 드릴 거룩한 제사장이 될지니라 ⁶성경에 기록되었으되 보라 내가 택한 보배로운 모퉁잇돌을 시온에 두노니 그를 믿는 자는 부끄러움을 당하지 아니하리라 하였으니 ⁷그러므로 믿는 너희에게는 보배이나 믿지 아니하는 자에게는 건축자들이 버린 그 돌이 모퉁이의 머릿돌이 되고 ⁸또한 부딪치는 돌과 걸려 넘어지게 하는 바위가 되었다 하였느니라 그들이 말씀을 순종하지 아니하므로 넘어지나니 이는 그들을 이렇게 정하신 것이라 (벧전 2:1~8)

베드로는 재빨리, 적극적으로 죄와 싸우라고 말했습니다. 그런데 우리는 죄 짓기를 반복하고, 심지어 편하게 여깁니다. 죄를 발견하고도 충격에 빠지거나 공포에 떨지 않습니다. 오히려 죄를 붙들고 그것이 우리를 점령하게 합니다. 분노, 이기심, 교만 등 죄의 목록은 끝이 없습니다.

우리는 예수님의 희생을 통해 하나님과 바른 관계를 가지게 되었습니다. 그런 우리에게는 하나님의 사역이 완성되기까지 기다리며 해야 할 많은 일이 있습니다. 죄는 여전히 우리 옆에 바짝 달라붙어 있기에, 성경은 계속해서 죄를 물리치라고 명령합니다 (히 12:1). 이것은 우리가 달려야 할 경주이며, 싸워야 할 전쟁입니다. 우리는 그리스도의 내면에서 이루어진 일을 따라 사는 법을 평생 배워야 합니다.

그리스도인의 삶에서 죄와의 싸움은 수시로 일어나는 일임을 분명히 깨닫고 있나요?

베드로전서 2장 1~2절에 나오는 명령과, 베드로의 요점을 드러내는 비유에 주목해 봅시다. 베드로는 온전하게 성숙하기 위해서는 말씀을 사모해야 한다고 교회를 격려했습니다. 진정으로 그리스도를 따르는 사람은 성경을 균형 있게 받아들임으로써 단단하게 성장합니다. 그리고 마음 깊은 곳에서 솟는 성경에 대한 갈망은 하나님과 더욱 가까워지게 하는데, 그 이유는 하나님에 대해 배울 수 있는 주된 수단이 하나님의 말씀이기 때문입니다. 진정으로 하나님의 선하심을 경험하면, 당연히 하나님을 더욱 갈망할 것입니다.

베드로가 선포한 내용이 모든 그리스도인에게 적용된다는 사실을 분명히 깨닫고 있나요? 우리는 하나님이 택하셨고 영광스럽게 하신, 살아 있는 돌입니다. 우리를 거룩한 제사장으로 세우시는 하나님이 임하시는 영적인 집입니다. 이 모든 것은 산 돌이신 그리스도께서 머릿돌이 되심을 통해, 죄로 물들고 영적으로 죽은 굳은 마음을 제거하고 살아 있는 마음을 선물로 주시는 그분을 통해 이루어집니다. 그리스도께서는 약속하신 일을 이루실 것이기에, 그분만을 신뢰할 때 부끄러움을 당하지 않을 것입니다. 우리의 소망은 믿을 만한 것입니다.

택함받은 백성이 모인 곳이 교회야

베드로는 유익한 비유를 계속 이어 나갑니다.

⁹그러나 너희는 택하신 족속이요 왕 같은 제사장들이요 거룩한 나라요 그의 소유가 된 백성이니 이는 너희를 어두운 데서 불러내어 그의 기이한 빛에 들어가게 하신 이의 아름다운 덕을 선포하게 하려 하심이라 ¹⁰너희가 전에는 백성이 아니더니 이제는 하나님의 백성이요 전에는 긍휼을 얻지 못하였더니 이제는 긍휼을 얻은 자니라 (벧전 2:9~10)

베드로는 우리가 누구인지에 대해 네 가지로 묘사했습니다. 가장 먼저 언급한 것은 '택함받은 족속'입니다. 이는 하나님이 아브라함을 통해 새로운 백성을 형성하셨던 모습과 연관됩니다 (창 12:1~3). 이스라엘의 자녀들은 아브라함이라는 동일한 인물로부터 유래한 백성인데, 하나님의 택함을 받아 그분의 목적을 위해 구별되었습니다. 이와 동일하게 교회 또한 우리에게 새 생명을 주시고 우리를 새로운 피조물로 만드신 예수 그리스도라는 동일한 분으로부터 유래한 백성입니다 (고후 5:17). '택함받은 족속'이라는 말은, 우리의 일차적인 정체성이 인종, 국적, 문화에 근거하지 않는다는 의미입니다. 우리의 일차적인 정체성은 무엇보다도 우리가 그리스도 안에 있다는 사실에 근거합니다. 우리가 예수님 안에서 마음과 힘을 한데 뭉치는 단결하는 백성이 되는 것이 그분의 목적입니다 (요 17:20~23). 다양성으로 가득한 하나님의 백성이 그리스도 안에서 참으로 하나가 될 때 아름다움이 드러납니다.

그다음으로 언급한 것은 '왕 같은 제사장들'과 '거룩한 나라'입니다. 베드로는 출애굽기 19장에 나오는 두 가지 표현을 가져와서 교회에 관해 이야기했습니다. "너희가 내게 대하여 제사장 나라가 되며 거룩한 백성이 되리라 너는 이 말을 이스라엘 자손에게 전할지니라"(출 19:6).

왕 같은 제사장이라는 직분은 세상을 믿는 것이 아니라 세상을 위해 중보자 역할을 감당해야 한다는 사실을 상기시킵니다. 하나님이 아브라함을 통해 이스라엘 국가를 형성하신 이유는 그들만 하나님의 축복을 받는 유일한 수혜자가 되라는 것이 아니었습니다. 그들을 통해 하나님의 축복이 온 세상에 퍼지게 하라는 것이었습니다. 다른 사람을 위해 중보하고, 그들과 함께 하나님 앞으로 나아오는 것이 바로 제사장의 핵심적인 역할이었습니다.

거룩한 백성으로서 우리는 세상으로부터 구별되기는 하지만, 분리되지는 않습니다. 우리는 세상에서 우리의 존재감을 없앰으로써가 아니라, 세상과 다른 삶을 삶으로써 거룩해져야 합니다. 성령님의 인도를 받는 새로운 피조물의 언행은 주위 세상과 현저히 구별되어야 하는 것이 마땅합니다.

그다음으로 언급한 것은 '그의 소유가 된 백성'입니다. 이 말은 우리가 누구의 소유이며, 우리를 구속하기 위해 지불된 대가가 얼마나 크며, 그리스도 안에서 우리가 가지고 있는 나중 소망이 무엇인지를 상기시킵니다. 우리를 '소유'하시기 위해 '예수님의 고난과 죽음'이라는 엄청난 희생이 필요했습니다. 이 희생에는 미래까지도 함축적으로 포함되어 있습니다. 그리스도께서 죽음에서 부활하셨듯이, 우리 또한 미래에 부활할 것을 약속받았습니다(고전 15:20; 계 1:5). 우리는 하나님께 속했습니다. 우리가 어떻게 그분께 속하게 되었는지 되돌아보면 감사가, 우리를 기다리는 장래 일을 생각하면 소망이 넘치게 됩니다.

다르게 살면 행동이 달라지지

그리스도의 사역으로 인해 그리스도인이 어떤 존재가 되었는지를 알려주는 기본적인 진리를 살펴보았습니다. 여기에 한 가지 중요한 요소를 추가해야 합니다. 새로운 정체성과 함께 우리에게는 새로운 시민권이 주어졌다는 것입니다. 이 세상은 더 이상 우리의 집이 아닙니다. 베드로는 우리의 새로운 정체성에 기초해 우리가 어떻게 살아야 하는지에 대해 언급합니다.

[11]사랑하는 자들아 거류민과 나그네 같은 너희를 권하노니 영혼을 거슬러 싸우는 육체의 정욕을 제어하라 [12]너희가 이방인 중에서 행실을 선하게 가져 너희를 악행한다고 비방하는 자들로 하여금 너희 선한 일을 보고 오시는 날에 하나님께 영광을 돌리게 하려 함이라 [13]인간의 모든 제도를 주를 위하여 순종하되 혹은 위에 있는 왕이나 [14]혹은 그가 악행하는 자를 징벌하고 선행하는 자를 포상하기 위하여 보낸 총독에게 하라 [15]곧 선행으로 어리석은 사람들의 무식한 말을 막으시는 것이라 [16]너희는 자유가 있으나 그 자유로 악을 가리는 데 쓰지 말고 오직 하나님의 종과 같이 하라 [17]뭇사람을 공경하며 형제를 사랑하며 하나님을 두려워하며 왕을 존대하라(벧전 2:11~17)

새로운 정체성과 목적에 맞게 살아갈 수 있는 열쇠 가운데 하나는 새로운 시민권을 분명하게 이해하는 것입니다. 한 발은 세상적 생활 양식에 담그고 다른 한 발은 기독교적 생활 양식에 담근 채로는, 거룩하라고 하신 하나님의 부르심에 순종할 수 없습니다. 이렇게 사는 현실은 거짓일 뿐입니다. 이 두 가지 생활 양식은 전혀 다른 것이기 때문입니다.

앞서 언급된 교회에 관한 네 가지 묘사(택하신 족속, 왕 같은 제사장, 거룩한 나라, 하나님의 소유가 된 백성)는 교회가 세상과 근본적으로 다르다는 사실을 상기시킵니다. 베드로가 표현한 것처럼, 우리는 거류민이자 나그네입니다. 이것이 그리스도 안에서의 새로운 정체성입니다. 우리는 이 정체성을 바탕으로 행동해야 합니다. 모든 행동에는 언제나 그 근원에 정체성이 있습니다.

거류민과 나그네로서 세상과 다르게 사는 첫 번째 방법은, 죄를 갈망하지 않는 것입니다. 죄악의 문화에 굴복하지 않는다는 의미입니다. 이와 같이 반(反)문화적 생활 양식에 드러나는 가시적인 특성이 중요합니다. 그것은 선한 삶입니다. 우리가 악행한다고 세상이 거짓 모략을 하더라도, 그들의 모든 고발을 반박할 수 있도록 우리는 신실하게 살아가야 합니다. 중상모략하는 그들의 고발이 근거가 없음을 세상은 시인할 수밖에 없을 것이고, 오히려 우리의 선한 행실이 그들을 하나님께 인도할 것입니다. 두 번째 방법은, 권위에 복종하는 것입니다. 우리는 하나님이 세우신 권위 아래 자신을 내려놓아야 합니다. 그렇게 함으로써 우리를 향한 세상의 어리석은 고발을 잠잠하게 할 수 있습니다. 세 번째 방법은, 모든 사람을 존중하고 그리스도인을 사랑하며 하나님을 경외하는 것입니다. 베드로는 이것을 중요한 순서에 따라 보여 준 듯합니다. 모든 사람을 존중하되 더욱 중요한 것은 교회를 사랑하는 것이고, 그보다 훨씬 중요한 것은 하나님을 경외하는 것이라고 말입니다. 베드로는 정치적 권위에 대한 복종과, 하나님께 대한 순종에서 혼란을 피하고자 우리에게 내려서 통치자를 존중하도록 지시했습니다. 하나님의 말씀과 국가의 법이 충돌할 때, 복음이 이길 것입니다 (행 4:13~22).

베드로가 가르쳐 준 세 가지 방법 가운데 가장 따르고 싶은 방법은 무엇인가요?

알짬 교리 **99**

하나님의 백성

성경은 하나님의 성전, 즉 교회를 '하나님의 백성'으로 묘사합니다(고후 6:16 참조). 하나님은 그리스도의 대속적인 죽음을 통해 유대인과 이방인으로 구성된 교회를 세우셨습니다. '교회'는 두 가지 의미로 쓰입니다. 첫째, 그리스도의 주 되심을 고백하며 언약을 맺은 사람으로 이루어진 보이는 교회입니다. 이는 각 지역에 있는 지교회를 통해서 나타납니다. 아울러 이처럼 믿음을 고백하는 모든 사람으로 이루어진 보편적인 교회를 생각할 수 있습니다. 이러한 교회를 가리켜 보편적인 보이는 교회라고 합니다. 둘째, 보이지 않는 교회가 있습니다. 즉 하나님이 그리스도 안에서 선택하신 모든 백성을 가리킵니다. 보이지 않는 교회에 속한 하나님의 백성은 통상적으로 보이는 교회를 통해서 하나님의 보호와 돌보심을 받으며, 하나님의 다스림 아래 살아가며, 예외 없이 모두 구원받습니다. 이와 조금 다르게, 신앙고백을 통해 나타나는 보이는 교회에는 신앙고백을 거짓으로 해서 구원받지 못하는 이들이 있을 수 있습니다.

그리스도와의 연결

초대 그리스도인들은 그리스도를 믿는다는 이유로 핍박과 고난을 당했습니다. 베드로는 그들에게 하나님의 백성이라는 정체성을 상기시켰습니다. 그들은 그리스도에 의해 형성되었고 그분을 전하도록 보냄을 받은 백성이었던 것입니다. 우리를 위해 십자가에서 고난당하신 그리스도와 함께 그리스도인은 화목되었습니다. 따라서 그들은 하나님이 고난을 사용하셔서 자신들을 예수님의 형상으로 빚으실 것을 기대할 수 있습니다.

YOUR STORY

하나님이 들려주시는 이야기는 오늘을 사는 나와 늘 연결되어 있습니다. 아래 질문에 답하면서 성경 이야기가 내 이야기와 어떻게 연결되는지 생각해 봅시다.

▶ 하나님과 그분의 말씀을 얼마나 간절히 원하나요? 하나님의 선하심을 생각할 때 그분의 말씀을 향한 열정이 더 커지나요?
만일 하나님이 선하실 뿐만 아니라 우리를 사랑하고 보살피신다는 사실을 확신한다면, 말씀 안에서 하나님을 찾을 가능성이 더 높습니다.

▶ 혼자 있는 시간에 하나님께 친밀하게 다가갈 수 있는 방법에는 어떤 것이 있을까요? 다른 사람과 함께 있을 때 그들과 함께 하나님께 나아가는 방법에는 어떤 것이 있을까요?
이 질문에 관한 답변은 다양할 것입니다.

▶ 그리스도인에 대한 베드로의 표현 가운데 이해하기 어려운 것은 무엇이며, 그 이유는 무엇인가요? 자신과 가장 깊이 연관되는 것은 무엇이며, 그 이유는 무엇인가요?
이 질문에 관한 답변은 다양할 것입니다.

▶ 우리가 세상 사람과 다르게 살아가면서도 그들에게 거만하게 보이지 않으려면 어떻게 해야 할까요?
한 가지 방법은 그들로부터 완전히 분리되지 않는 것입니다. 다른 말로 하자면, 주위 문화와 세상으로부터 떨어지지 않고서도 세상과 구별될 수 있습니다. 우리가 분리되는 모습만 보인다면, 세상 사람은 우리를 거만하게 볼 것입니다. 그러나 우리가 주위 문화에 사랑과 그리스도의 메시지로 참여하면서 구별된 삶을 산다면, 거만하다는 평을 받지 않을 것입니다.

하나님의 이야기
하나님이 그분의 아들
예수 그리스도를 통해
우리를 구속해 주신 이야기

우리의 이야기
우리의 이야기가
하나님의 이야기와
만나는 곳

YOUR MISSION

생 각

베드로는 그리스도인의 정체성에 관해 전부 복수(複數)로 표현했습니다. 일부 그리스도인이 때로 개인적으로 살아가며 그리스도와의 관계에만 중점을 두는데 이것을 잘못된 일이라고만 할 수는 없습니다. 그러나 구원에는 우리가 놓쳐서는 안 되는 공동체적인 측면이 있습니다. 우리는 개인적으로 구원받지만, 그렇다고 개인적으로 살아가기만 해서는 안 됩니다.

● **하나님은 왜 혼자일 때보다 함께할 때 더 강한 능력을 드러내게 하셨을까요?**
우리의 몸이 수많은 기관과 작용으로 구성된 것처럼, 하나님은 교회가 상호 의존하도록 계획하셨습니다. 어느 누구도 자랑하지 못하도록, 서로 선행을 격려하면서 더욱 겸손하도록 하시기 위해서입니다.

● **주변에 하나님의 백성들이 있어서 그 덕분에 힘을 얻었던 경험이 있나요?**
이 질문에 관한 답변은 다양할 것입니다.

마 음

히브리서 11장의 '믿음의 전당'에서 히브리서 저자는 '믿음으로' 살았던 많은 사람들을 기억했습니다. 믿음이 가득했던 이 사람들은 자신들의 진짜 고향이 하늘에 있음을 알았습니다. 그들은 천국의 시민권을 가졌다는 정체성을 가지고, 왕이신 예수님께만 충성했습니다. 그들은 이 땅에서 얻게 될 지위가 아니라 이 세상에서 살아가는 방식이 중요하다는 것을 이해했습니다. 세상이 우리를 눈여겨 볼 때 우리는 자신을 부풀리기 위해서가 아니라 다른 사람에게 거룩하신 하나님을 드러내기 위해 구별될 수 있습니다.

● **영원에 초점을 맞추며 살아간다면 일상에서 우리의 태도와 행동은 어떻게 바뀔까요?**
영원에 초점을 맞춘다는 말은 단지 한순간을 위해서 살지 않음을 의미합니다. 그리스도인은 자신이, 자신보다 더 큰 어떤 것의 일부임을 기억하며 살아갑니다.

● **하나님 나라의 시민권보다 세상의 지위를 더 사랑하는 사람의 삶은 어떤 모습일까요?**
우리가 궁극적으로 세상과, 세상이 제공하는 것에 충성하고 있다면 이러한 모습이 분명 우리의 행동에도 드러날 것입니다.

행 동

우리가 택함받았고 하나님의 자녀로 입양되었으며 하나님에 의해 구별되었다는 사실을 내면화하고 믿고 실천하는 것이 중요합니다. 그런데 이 진리의 목적은 단지 우리에게 건강한 자화상을 주는 정도가 아닙니다. 구원의 최종 목표는 하나님이 영광받으시는 것입니다. 하나님의 구원 계획과 그리스도의 십자가 사역과 우리 안에서 계속하시는 성령님의 사역은 하나님의 영광을 가리킵니다. 우리가 주님의 소유인 이유가 바로 이것입니다. 주님을 널리 찬양하는 것 말입니다. 성경이 구원자의 영광스러운 선율로 가득하듯이, 매일의 우리 행동과 태도도 주님을 찬양해야 합니다.

● **그리스도인의 새로운 정체성을 기억하면서 주위 사람에게 복음을 전하고 있나요?**
이 질문에 관한 답변은 다양할 것입니다.

● **이번 한 주 동안 어떤 말과 행동으로 하나님께 영광을 돌릴 수 있을까요?**
이 질문에 관한 답변은 다양할 것입니다.

다음 모임까지
요한복음 11:55~21:25
을 읽어 보세요.

05

참된 사랑을
보여 줘

요 약

5과에서는 '사랑하라'라는 성경의 요청에 대해 살펴볼 것입니다. 크고 분명하게 드러나는 성경의 사랑 명령을 우리는 모른 척할 수 없습니다. 하나님이 우리를 사랑하셨기에, 그 사랑을 받은 우리는 당연히 주위 사람을 사랑합니다.

성 경

요한일서 3장 10~18절

HIS STORY

포 인 트	하나님을 향한 사랑과 다른 사람들을 향한 사랑은 참 기독교의 열매이다.
등 장 인 물	요한(예수님의 열두 제자 가운데 한 명, 요한복음의 저자)
메시지 좌표	사랑이란 무엇일까요? 우리의 문화에서는 사랑의 개념을 무한히 늘어놓습니다. 즉 '사랑'이라고 불리는 느낌을 일으키는 뇌의 화학 반응부터, 중요한 때마다 모든 사람을 받아들이고 긍정하는 것까지 다양합니다. 하지만 그것이 얼마나 부도덕한지에는 관심을 두지 않습니다. 그렇다면 성경은 사랑에 관해 무엇이라고 말할까요? 하나님은 사랑의 근원이자 창조주, 사랑 그 자체이신 분이므로 참된 사랑에 대해서는 하나님에게서 단서를 찾아야 합니다.

도입

사랑에 대한 개념이 다양한 세상을 살다 보니, 서로 사랑하라는 성경의 명령을 어떻게 따라야 할지 알기가 어렵습니다. 우리의 문화는 사랑을 자유로운 것으로 여길 뿐, 변함없는 행위가 따르는 것으로는 여기지 않습니다. 성경도 사랑을 느낌이나 감정으로 언급할 때가 있는데, 하지만 행위로 증명되는 것으로 언급하는 경우가 더 흔합니다. 성경에 나오는 사랑에 관한 언급에는 다음과 같은 것이 있습니다.

"친구는 사랑이 끊어지지 아니하고"(잠 17:17상).
"오직 너희는 원수를 사랑하고"(눅 6:35상).
"이웃 사랑하기를 네 자신과 같이 사랑하라"(레 19:18하).
"내가 너희를 사랑한 것같이 너희도 서로 사랑하라"(요 15:12하).
"이 모든 것 위에 사랑을 더하라 이는 온전하게 매는 띠니라"(골 3:14).

▶   성경에 나오는 사랑에 관한 구절 가운데 어느 것을 좋아하나요?

사랑에 관한 성경의 많은 언급 가운데, 무엇보다도 참된 사랑이 하나님으로부터 기인한다는 사실이 분명히 드러나고 있습니다. 사랑의 원천은 하나님이십니다. 이는 하나님이 우리가 아직 죄인일 때에 우리를 위해 그분의 아들을 이 땅에 보내고 죽게 하셨을 때 입증되었습니다(롬 5:8). 하나님이 우리를 죄에서 건져 주실 때, 하나님은 우리에게 새로운 정체성을 주셨고 그 사랑의 열매는 우리 삶에 분명히 나타날 것입니다.

예수님을 따르면 영적 DNA가 바뀌지

토마토 씨를 심으면 토마토가 자라고, 사과나무 가지에서는 사과가 열립니다. 다른 것을 얻으려 하는 사람은 어리석습니다. 각 나무나 식물의 유전 정보가 그 열매를 결정짓기 때문입니다. 절대로 귤나무는 피망을, 감나무는 아스파라거스를, 포도 덩굴은 마늘을 생산하지 않습니다. 햇빛, 영양분, 물 등의 요소가 각 식물의 생산력에 영향을 줄 수 있다 해도 그 역시 본래 맺게 되어 있던 만큼 안에서입니다.

동일한 예가 사람에게도 적용됩니다. 사람들은 언제나 그들이 맺도록 계획된 열매를 맺을 것입니다.

¹⁰이러므로 하나님의 자녀들과 마귀의 자녀들이 드러나나니 무릇 의를 행하지 아니하는 자나 또는 그 형제를 사랑하지 아니하는 자는 하나님께 속하지 아니하니라 ¹¹우리는 서로 사랑할지니 이는 너희가 처음부터 들은 소식이라 ¹²가인같이 하지 말라 그는 악한 자에게 속하여 그 아우를 죽였으니 어떤 이유로 죽였느냐 자기의 행위는 악하고 그의 아우의 행위는 의로움이라 ¹³형제들아 세상이 너희를 미워하여도 이상히 여기지 말라(요일 3:10~13)

식물이 맺는 열매가 그 유전적 본성과 연결되어 있는 것처럼, 사람이 맺는 영적 열매 또한 그 유전적 본성과 연결되어 있습니다. 모든 인류는 아담의 죄성을 물려받았기 때문에 타락한 영적 DNA로 말미암아 죽음과 도덕적 부패와 하나님과 멀어지는 길로 나아갈 뿐입니다

오직 예수님을 통해서만 영적 DNA 변화가 일어납니다. 그분을 믿을 때 우리는 새 생명, 새 정체성, 새 목적으로 다시 태어납니다. 죽고 부패한 이전 상태는 사라지고, 그곳에 우리의 영생이 주어지고 우리의 영적 변화가 시작됩니다.

그리스도 안에서 새 생명으로 사는 사람에게는 어떤 새로운 특성이나 특징이 나타날까요?

우리가 구원받는 순간, 하나님은 우리 안에서 위대한 사역을 시작하십니다. 우리가 점점 더 그분의 아들을 닮아 가게 하시는 이 사역을, 하나님은 주님과 대면해 부족함 없이 온전하게 되는 그날까지 평생 우리에게 펼치실 것입니다. 그러므로 모든 사람은 다듬어지고 있는 작품들입니다. 우리의 새 정체성에 대한 증거는 우리 안에 시작된 이 사역입니다.

이러한 성화의 과정이, 아직 그리스도를 모르는 사람들 안에는 없습니다. 그들은 우리도 한때 갔던 그 길을 가며 공개적으로 하나님을 모독하고 그리스도인을 증오합니다. 하나님을 믿지도 않고 사랑하지도 않을 뿐만 아니라 앞으로도 그럴 계획이 전혀 없다고 말하기까지 합니다. 그들의 삶에 가득한 것은 증

오입니다. 그런 그들로 인해 우리는 분명 슬퍼해야 합니다. 그리고 그들의 마음이 변할 수 있도록 기도해야 합니다. 그들이 진리를 발견하고, 지금 어디를 향해 가고 있는지 깨달아 기꺼이 하나님께 순종할 수 있도록 말입니다.

그런데 입으로는 그리스도를 따른다고 하면서도 막상 현실에서는 세상 사람과 다를 바 없는 모습으로 사는 사람도 있습니다. 그들의 영적 DNA는 세상 사람과 마찬가지로 부패했습니다. 심지어 교회에 출석하고 그리스도인처럼 말하고 행동하기까지 합니다. 그래서 우리가 진정한 영적 성장과 교회 건물만 오가는 기만행위를 구분하지 못할 때도 있습니다. 그러나 성경은 분명히 말합니다. 옥수숫대 끝에서 토마토를 찾을 수 없는 것처럼, 영적으로 죽은 영혼은 그리스도의 생명력이 있는 열매를 맺지 못합니다.

예수님의 사랑으로만 사랑할 수 있어

제2차 세계 대전 중에 나치의 유대인 대학살이 진행하는 동안 코리 텐 붐과 그녀의 가족은 유대인의 도주를 수없이 도왔습니다. 그리스도인으로서 그들은 안전하게 사는 대신, 예수님의 사랑을 따르기로 결심했습니다. 그들은 날마다 위험에 처했고, 결국 체포되어 수용소에서 노역에 시달려야 했습니다. 그러나 그들은 다른 사람을 사랑하기로 했던 결심을 이어 나가기로 했습니다. 심지어 수용소 관리인에게까지 그들은 사랑을 베풀었습니다.

코리가 들려주는 수용소 생활에 관한 이야기에서, 다른 사람에게 사랑을 나누게 하시는 그리스도의 사랑을 보게 됩니다(고후 5:14~15). 코리와 그녀의 가족은 그들을 통해 일하시는 하나님의 신실하고 능력 있는 사역을 통해서 원수를 사랑할 수 있었습니다.

요한은 우리 안에 있는 이 초자연적인 사랑과 우리의 정체성에 대해 이야기를 이어 나갔습니다.

[14]우리는 형제를 사랑함으로 사망에서 옮겨 생명으로 들어간 줄을 알거니와 사랑하지 아니하는 자는 사망에 머물러 있느니라 [15]그 형제를 미워하는 자마다 살인하는 자니 살인하는 자마다 영생이 그 속에 거하지 아니하는 것을 너희가 아는 바라 (요일 3:14~15)

students

적극적인 사랑의 열매가 새로운 영적 DNA의 증거라면, 계속 죄를 짓는 것은 변화되지 않았다는 증거입니다. 요한은 우리에게 아주 놀라운 사실을 알려 주었습니다. 우리가 사망에서 생명으로 옮겨 간 것, 즉 구원받았다는 것을 알 수 있는 방법은 이웃을 사랑할 때라는 것입니다. 죄를 덜 짓거나 성경의 명령에 더 순종하는 것이 아닙니다. 예배 모임에 참석한 횟수나 성경을 얼마나 읽었느냐도 아닙니다. 그것들 모두 중요하고 구원의 증표가 될 수는 있습니다. 그러나 요한은 영생의 증거로 그리스도 안에 있는 형제자매를 사랑하라고 했습니다. 사랑은 우리를 세상과 구별되게 해 줍니다. 사랑에 실패하는 것은 증오인데, 증오는 세상의 특징입니다.

예수님은 산상수훈에서 이 문제를 가르치셨습니다(마 5:20~22). 서기관과 바리새인은 매우 종교적인 사람들이었습니다. 그들은 모든 소유에 대해 신실하게 십일조를 바쳤고, 모든 율법 조항을 준수했습니다. 그들은 종교를 고수했습니다. 누가 의로운지 말해야 한다면, 바로 이 사람들이라고 할 수 있습니다. 그럼에도 불구하고 예수님은 이들의 의로는 부족하다고 말씀하셨습니다. 이들이 보여 준 의를 능가하는, 오직 예수님의 의만이 충분할 수 있습니다. 예수님은 스스로 선을 행하는 자가 아무도 없다고 말씀하셨습니다(시 14:3). '선해' 보이는 종교적인 사람마저 선하지 않습니다.

전적으로 하나님이자, 전적으로 인간으로서 예수님은 우리가 절대 할 수 없는 완벽한 순종을 하셨습니다. 그 후 그분은 우리가 마땅히 받아야 할 죽음을 대신 당하심으로써 우리의 죄에 대한 진노의 대가를 치르셨습니다. 예수님이 무덤에서 부활하셨을 때 그분은 우리가 새 생명을 얻고, 하나님과 영생을 보낼 수 있도록 죽음을 정복하셨습니다. 그분의 완벽한 삶, 충분한 희생 제사, 능력 있는 부활 사역을 우리의 유일한 희망으로 여기고 그리스도 앞에 믿음으로 나아올 때, 엄청나고도 영광스러운 변화가 이루어집니다.

사랑받았으니 사랑할 수 있지

해적들이 해군의 배를 빼앗았고, 해적의 두목은 묶인 해군들을 무릎 꿇리고 자신의 해적 부하들 앞에서 기세등등하게 고함쳤습니다. "저들을 상어 밥으로 만들어 버려라!", "저들의 금을 모두 빼앗아라!" 두목의 어깨에 앉아 있던 앵무새도 주인의 말을 따라 외쳤습니다. 그러나 불행하게도, 앵무새는 따라 외치는 데서 멈추지 않고 그전에 주인에게서 들었던 다른 말들까지도 떠벌리기 시작했습니다. 그로 인해 부하를 무시하면서 그들 몰래 금을 숨기려던 두목의 계획이 탄로가 나고 말았습니다.

이것은 미국 자동차 보험 회사 가이코(GEICO) 광고의 재치 있는 한 장면입니다. 광고는 이렇게 끝을 맺습니다. "앵무새가 말을 따라 하는 것은 당연한 일입니다. 자동차 보험 비용을 절약하려면 가이코로 전환하는 것이 당연하듯이 말입니다." 이와 비슷한 광고들이 있는데, 모두 어떤 사람이나 동물의 행동이 불가피한 결과를 낳는 상황을 염두에 두곤 합니다. 그러므로 이런 광고에서는 모두가 알고 있는 현실을 활용해야 합니다.

¹⁶그가 우리를 위하여 목숨을 버리셨으니 우리가 이로써 사랑을 알고 우리도 형제들을 위하여 목숨을 버리는 것이 마땅하니라 ¹⁷누가 이 세상의 재물을 가지고 형제의 궁핍함을 보고도 도와줄 마음을 닫으면 하나님의 사랑이 어찌 그 속에 거하겠느냐 ¹⁸자녀들아 우리가 말과 혀로만 사랑하지 말고 행함과 진실함으로 하자 (요일 3:16~18)

하나님의 사랑을 하나의 '순환'으로 생각해 볼 수 있습니다. 다음 장에서 요한은 우리가 다른 사람을 사랑하는 이유는 하나님이 우리를 먼저 사랑하셨기 때문이라고 설명했습니다 (요일 4:11, 19). 하나님은 우리를 향한 사랑을 보여 주시기 위해 그분의 아들을 보내 주셨습니다. 또한 그리스도께서는 우리를 향한 사랑을 보여 주시기 위해 십자가를 향해 걸어가셨습니다. 하나님은 우리가 그분의 사랑을 경험할 수 있는 방법을 주시기 위해 예수님을 죽음에서 일으키셨습니다. 하나님은 그리스도를 통해 우리가 사랑을 체험할 수 있는 순환의 여정을 시작하셨습니다. 우리는 이 사랑의 순환이 우리에게서 끝나게 해서는 안 됩니다.

우리는 하나님의 사랑을 전하는 통로입니다. 다른 말로 하면, 세상 사람들은 우리를 통해 하나님의 사랑을 보게 됩니다. 이 사랑은 우리의 힘으로 만들어 낼 수 있는 것이 아닙니다. 우리는 하나님이 우리를 사랑하시기 때문에, 그분을 잃어버리고 지친 세상에서 참된 희생을 통해 생명을 주는 사랑을 실천할 수 있습니다. 우리는 직접 우리의 손과 발로 사람들이 그분의 사랑과 공급을 깨달게 해야 됩니다. 단순히 하나님이 그들을 얼마나 사랑하고 있으며, 우리가 그들을 얼마나 사랑하고 있는지 말하는 것으로 끝나면 안 됩니다. 우리는 삶을 통해 입증해야 합니다. 여기에는 우리가 하는 말과, 다른 사람을 대하는 방식과, 삶에 대한 태도가 포함됩니다.

우리 가운데 누구도 다른 사람을 완벽하게 사랑할 수 없습니다. 그러나 완벽하게 사랑하지 못하는 것으로 인해 두려워할 줄 알아야 합니다. 그리스도를 따르는 사람의 주된 갈망은 매 순간 하나님을 영화롭게 하는 것이고, 그분의 제자가 자연스럽게 맺어야 하는 열매는 다른 사람을 향한 깊고도 지속적인 사랑일 것입니다. 우리는 그리스도의 자비롭고 강력한 사랑을 받는 사람답게 충만한 사랑과 감사의 예배를 드리고, 우리가 만나는 사람에게 하나님의 사랑이 흘러넘치게 하는 데에 앞장서야 합니다.

students

주위 사람에게 사랑을 실제적으로 보여 줄 수 있을까요? 그러기 위해서는 어떻게 해야 할까요?

알짬 교리 99

사랑이신 하나님

'하나님은 사랑이시라'라고 말하는 것은 사랑이 하나님의 고유한 성품이며, 삼위일체 하나님이신 성부, 성자, 성령 세 위격이 서로 완전한 사랑 가운데 계시며 사랑을 드러내신다는 뜻입니다. 인간들이 나누는 불완전한 사랑은 하나님 안에 있는 완전한 사랑의 희미한 그림자에 불과합니다. 하나님이 우리에게 보여 주신 가장 큰 사랑은 세상에 속한 좋은 것들을 주신 일이 아니라 우리가 하나님과 화목할 수 있도록 그리스도 안에서 자신을 내어 주신 일입니다.

그리스도와의 연결

students

사도 요한은 교회가 해야 할 참된 사랑의 본성을 가르쳤습니다. 그러면서 그리스도인의 사랑은 단순히 감정이나 말이 아니라 행위가 중요하다는 것을 상기시켰습니다. 사랑은 자신의 백성을 위해 생명을 내어놓으신 예수님의 행위에서 가장 분명하게 입증되고 정의되었습니다.

YOUR STORY

하나님이 들려주시는 이야기는 오늘을 사는 나와 늘 연결되어 있습니다. 아래 질문에 답하면서 성경 이야기가 내 이야기와 어떻게 연결되는지 생각해 봅시다.

▶ 그리스도인이 되고 난 후 하나님이 이루셨다고 생각되는 변화를 경험한 적이 있나요?
이 질문에 관한 답변은 다양할 것입니다.

▶ 내 안의 그리스도께서 하게 하셨다는 말로밖에 설명할 수 없는 사랑으로 누군가를 사랑해 본 적이 있나요?
이 질문에 관한 답변은 다양할 것입니다.

▶ 그리스도와 하나님 사이의 바른 관계가 우리에게 주어졌다는 사실은, 다른 사람을 사랑하는 것에 대한 여러분의 생각에 어떠한 변화를 주었나요?
그리스도 안에서 우리를 향한 하나님의 사랑은, 우리가 어떻게 다른 사람을 사랑할 수 있는지 이해하는 모형이자 기준입니다. 예수님이 우리를 섬겨 주십니다. 따라서 우리도 다른 사람을 섬겨야 합니다. 예수님이 깨어진 자에게 긍휼을 베푸십니다. 따라서 우리도 깨어진 자에게 긍휼을 베풀어야 합니다. 예수님은 우리의 가장 절실한 필요를 위해 하늘 보좌로부터 내려오셨습니다. 따라서 우리도 편안한 자리에서 벗어나, 우리 주위 사람의 필요에 응하려고 노력해야 합니다.

▶ 어떻게 하면 지금까지 사랑받아 온 만큼 다른 사람들을 실제로 사랑할 수 있을까요?
이 질문에 관한 답변은 다양할 것입니다.

하나님의 이야기
하나님이 그분의 아들 예수 그리스도를 통해 우리를 구속해 주신 이야기

우리의 이야기
우리의 이야기가 하나님의 이야기와 만나는 곳

YOUR MISSION

생 각

우리의 힘으로는 사랑할 수 없음을 크게 깨닫는 경험을 하는 것이 중요합니다. 그리스도께서 우리를 사랑하신 것처럼 다른 사람을 사랑하는 것은 초자연적인 능력으로만 가능합니다. 그렇기 때문에 예수님을 믿지 않는 사람은 참된 사랑의 열매를 맺을 수 없습니다. 왜 그럴까요? 첫째, 그들 안에는 성령님의 능력이 없기 때문입니다. 둘째, 참되고 진정한 사랑이 있어야 다른 사람도 모든 사랑의 원천이신 하나님 안에서 행복하기를 바라게 되기 때문입니다. 그러므로 불신자들은 사랑하라는 부르심을 절대로 실천할 수 없습니다.

- **세상적인 사랑은 하나님의 사랑과 어떻게 다르며, 왜 그분의 사랑에 이르지 못할까요?**
  자신의 이익만 중요시하고, 다른 사람을 하나님과의 바른 관계로 인도하려고 노력하지 않고, 감정이나 느낌으로만 이해하려고 하기 때문이라는 등의 답을 할 수 있습니다.

- **다른 사람을 사랑의 원천이신 하나님께로 인도해야 하는 이유는 무엇인가요?**
  그가 하나님 안에서 기쁨을 발견하고 그분을 온전히 사랑하게 하기 위해서입니다.

마 음

가인과 아벨 이야기를 기억하나요? 두 사람의 제사 가운데 하나님은 아벨의 제사만 의로 받아들이셨습니다. 아벨은 '믿음의 전당'에 이름을 올렸는데, 그의 제사가 더 나은 이유는 믿음 때문입니다(히 11:4). 우리는 우리의 행위 때문이 아니라 믿음으로 은혜로이 구원을 받습니다(엡 2:8~9). 그러므로 가인과 아벨 이야기에서 두 사람이 모두 제사를 드리기는 했지만, 그 가운데 한 명만이 믿음으로 드렸다고 해야 할 것입니다. 바로 아벨 말입니다. 가인의 제사에는 마음이 없었고, 믿음이 없었고, 사랑이 없었습니다.

- **다른 사람에게 사랑을 실천하지 못하도록 가로막는 가장 큰 방해물은 무엇인가요?**
  이 질문에 관한 답변은 다양할 것입니다.

- **사랑에 대한 성경의 가르침을 보면서, 사랑에 대한 견해가 바뀌게 되었나요?**
  이 질문에 관한 답변은 다양할 것입니다.

행 동

주위에 그리스도의 사랑을 드러내기 위해 고려해야 할 다섯 가지 행동이 있습니다. 첫째, 기도해야 합니다. 우리는 나이가 많든 적든, 훈련받았든 안 받았든 기도할 수 있습니다. 둘째, 관심을 기울여야 합니다. 먼 곳이 아닌 가까운 곳에서 도움이 필요한 사람을 찾아야 합니다. 셋째, 복음을 선포해야 합니다. 주위 사람을 섬기면서 끊임없이 복음의 진리를 전해야 합니다. 넷째, 후원해야 합니다. 내가 갈 수 없는 곳에서 사랑을 전하는 선교사와 단체를 후원해야 합니다. 다섯째, 정보를 나누어야 합니다. 도움이 필요한 사람을 발견하면 그들을 위해 기도하고 후원하되, 다른 사람에게도 홍보하는 일을 잊지 말아야 합니다. 다른 사람도 사랑의 행위에 동참할 수 있도록 초대해야 합니다.

다음 모임까지
사도행전 1~8장;
시편 110편을
읽어 보세요.

- **이 가운데 어떤 행동을 하기가 가장 쉽나요?**
  이 질문에 관한 답변은 다양할 것입니다.

- **이 가운데 가장 노력해야 할 행동은 어떤 것인가요?**
  이 질문에 관한 답변은 다양할 것입니다.

06

때를 얻든지
못 얻든지

요약

목사의 역할과 관련된 중요한 주제를 바울의 목회 서신에서 볼
수 있는데, 바로 이것을 6과에서 다루고 있습니다. 하나님은 목
사와 지도자를 사용하셔서 그분의 백성이 그분의 말씀에 순종
하도록 인도하십니다. 우리를 주님의 제자가 되도록 이끌기 위
해 보내 주신 목사님과 지도자를 위해 기도하고, 그들을 돕는
부르심에 순종해야 하는 것을 목회 서신에서 배울 수 있습니다.

성경

디모데전서 4장 11~16절; 디모데후서 4장 1~8절;
디도서 2장 11~14절

HIS STORY

포 인 트 하나님은 그분의 말씀에 순종하도록 교회를 이끄실 때 지도자를 사용하신다.

등 장 인 물 바울(그리스도를 따르는 자와 이방인의 사도가 된 전직 박해자)
디모데와 디도(사도 바울 밑에서 배우던 젊은 목사들)

메시지 좌표 이 글을 읽는 대부분의 사람은 직업으로서 전임 사역자의 길을 걷지는 않을 것입니다. 바꾸어 말하면, 생계 수단이 교회의 목사, 전도사, 혹은 직원이 아닐 것이라는 말입니다. 그렇다면 우리는 왜 소위 목회 서신(디모데전서, 디모데후서, 디도서)으로 불리는 이 세 개의 서신들을 공부해야 할까요? 그 이유는 간단합니다. 바울이 젊은 디모데에게 가르친 내용은 단지 교회 지도자만을 위한 내용이 아니라, 모든 곳에 있는 모든 그리스도인을 위한 내용이기 때문입니다.

도입

모든 단체에 좋은 지도자는 필수적입니다. 학교에는 좋은 교장이 필요합니다. 정부에는 좋은 대통령이나 총리가 필요합니다. 스포츠 팀에는 좋은 코치가 필요합니다. 사업에는 좋은 CEO가 필요합니다. 행군 악단에는 좋은 지휘자가 필요합니다. 군대에는 좋은 장군이 필요합니다. 그리고 교회에는 좋은 목사가 필요합니다.

▶ 훌륭한 지도자의 자질이나 특징은 무엇인가요?

▶ 누군가가 여러분에게 목사가 하는 사역에 대해 설명해 달라고 부탁한다면, 어떤 대답을 해 줄 수 있을까요?

성경은 교회 지도자의 역할과 책임을 상당히 중요하게 다룹니다. 바울은 디모데와 디도에게 보낸 편지에서 교회 지도자의 자질과 책임이 어떠한지를 구체적으로 설명하는 데 많은 지면을 할애했습니다. 이것은 교회의 지도층에게 직접 적용되는 것이기는 하지만, 그와 무관하게 모든 그리스도인에게도 적용되어야 합니다.

바울이 디모데에게 조언한 것을 들어봐

디모데는 역동적인 사역을 해 온 젊은 목사였습니다. 머지않아 그는 위대한 사도 바울의 직무를 물려받을 것입니다. 바울은 하나님이 주신 목사의 소명을 가르치며, 믿음 안에서 자신의 아들이 된 디모데를 격려하고자 했습니다. 바울이 디모데뿐 아니라 자신을 따르는 모든 목사에게 준 가르침은 교회에서 양 떼를 돌보는 목사들이 지닌 엄청난 책임과 특권을 상기시킵니다.

students

[11]너는 이것들을 명하고 가르치라 [12]누구든지 네 연소함을 업신여기지 못하게 하고 오직 말과 행실과 사랑과 믿음과 정절에 있어서 믿는 자에게 본이 되어 [13]내가 이를 때까지 읽는 것과 권하는 것과 가르치는 것에 전념하라 [14]네 속에 있는 은사 곧 장로의 회에서 안수받을 때에 예언을 통하여 받은 것을 가볍게 여기지 말며 [15]이 모든 일에 전심전력하여 너의 성숙함을 모든 사람에게 나타나게 하라 [16]네가 네 자신과 가르침을 살펴 이 일을 계속하라 이 것을 행함으로 네 자신과 네게 듣는 자를 구원하리라 (딤전 4:11~16)

도입 선택

메모지 여러 장을 미리 준비합니다. 학생들이 모이면 그들이 알거나 주위에 있는 목사나 지도자를 떠올리게 하고, 메모지에 그의 이름과 역할을 적게 한 후 거둡니다. 학생들을 3, 4명의 그룹으로 나누고, 각 그룹에게 동일한 수만큼 메모지를 나누어 주세요. 그러고 나서 각 그룹이 받은 지도자들을 위해 다음의 기도 제목을 놓고 기도하도록 학생들을 지도하세요.

- 목사/지도자가 무엇보다 하나님을 따르도록 기도하세요.
- 목사/지도자가 그들의 가족 및 동료와 돈독한 관계를 형성할 수 있도록 기도하세요.
- 비슷한 역할을 맡은 믿음의 선배들이 목사/지도자 옆에서 그들을 격려할 수 있도록 기도하세요.
- 하나님에 대한 목사/지도자의 지혜와 지식이 더욱 커지도록 기도하세요.
- 목사/지도자로 하여금 하나님을 순종하는 길을 걷게 해 주시고, 더 훌륭한 목사/지도자가 될 수 있도록 하나님이 도와주시기를 기도하세요.

목사/지도자가 감당해야 하는 일은 결코 쉽지 않습니다. 그들에게는 격려해 주고, 진리를 말해 주며, 기도해 줄 사람이 필요합니다.

- 오늘 우리는 목사님들과 지도자들을 위해 기도했습니다. 이번 한 주 동안 여러분이 이분들을 돕고 격려할 수 있는 방법은 무엇인가요?

연 대 표

목회자에게 보내는 편지
LETTERS TO YOUNG PASTORS
예수님의 본을 따라 진리를
알도록 인도하다.

그리스도와 함께 상속자가 됨
COHEIRS WITH CHRIST
그리스도를 통해 하나님의 자녀
로 입양되다.

믿는 자들의 교제
FELLOWSHIP WITH BELIEVERS
하나님이 우리를 사랑하시듯
서로 사랑하다.

성령 안에서의 삶
LIFE IN THE SPIRIT
육체의 일을 버리고
성령의 열매를 맺다.

영적 전쟁
SPIRITUAL WARFARE
하나님의 전신 갑주를 입고
마귀와 싸워 이기다.

관대한 삶
GENEROUS LIVING
하나님이 주신 은혜를 따라
풍성하게 베풀다.

바울은 디모데가 사역하면서 반드시 명심해야 할 것이 무엇인지에 대해 열거했습니다(딤전 4:12~16). 무엇보다도, 디모데는 본보기가 되어야 했습니다. 목사가 교회를 성숙으로 이끄는 필수적인 방법은 그가 보이는 본에 달렸습니다. 디모데는 젊었는데, 젊다고 해서 본을 보일 수 없는 것은 아닙니다.

구약에서 요셉, 사무엘, 다윗, 예레미야, 다니엘, 에스더 외에도 많은 젊은 이를 예로 들 수 있듯 성경 곳곳에서 하나님은 젊은이들을 전략적으로 사용하곤 하셨습니다. 바울은 디모데에게 나이가 젊다는 사실이나, 다른 사람이 그것을 어떻게 볼지 염려하지 말고, 모범적으로 살아가는 일에 집중하도록 권면했습니다. 디모데는 그리스도께서 사셨던 대로 따라 살아야 했습니다.

디모데는 과연 어떤 면에서 본이 될 수 있을까요? 그는 겉으로 드러나는 말과 행동에서 본을 보여야 합니다. 여기서 말이란 단순히 하나님의 말씀을 잘 전달하는 것만을 의미하지 않습니다. 바울은 디모데가 독설 대신 현명한 말로 알려지기를 원했습니다. 오늘날에는, 소셜 미디어에서 분노를 드러내려 하지 않고 그 대신에 은혜와 위로를 드러내는 것을 의미합니다. 바울은 또한 디모데가 사랑, 믿음(또는 신실함), 순결(성적 순결이나 일반적인 순수함 둘 다)의 특성을 내면에 세우는 본을 보이라고 격려했습니다.

바울이 디모데에게 했던 조언을 따르기 위해 우리가 할 수 있는 일에는 무엇이 있을까요?

> "
> 에스라가 느헤미야 8장에서 사람들에게 설교했을 때, 그의 말씀을 들으러 왔던 청중의 태도가 중대했습니다. 우리도 그들의 본을 따라 말씀 앞에 나아올 때 기대하는 마음으로 참석하고 주의 깊게 들으며 적절히 적용해야 합니다. 그렇게 한다면 기쁜 마음으로 예배할 수 있을 것입니다.
> 알리스테어 베그 listair Begg
> "

끝까지 달리고, 끝까지 선한 싸움을 싸워야 해

나이가 어릴지라도 하나님의 말씀을 신실하게 선포해야 하는데, 많은 희생이 따르더라도 그렇게 해야 합니다. 디모데후서에서는 자신이 죽을 날이 임박했음을 알았던 바울의 진중하고 긴박한 어조를 느낄 수 있습니다. 그는 디모데를 향한 권면을 이어 나갔습니다.

students

¹하나님 앞과 살아 있는 자와 죽은 자를 심판하실 그리스도 예수 앞에서 그가 나타나실 것과 그의 나라를 두고 엄히 명하노니 ²너는 말씀을 전파하라 때를 얻든지 못 얻든지 항상 힘쓰라 범사에 오래 참음과 가르침으로 경책하며 경계하며 권하라 ³때가 이르리니 사람이 바른 교훈을 받지 아니하며 귀가 가려워서 자기의 사욕을 따를 스승을 많이 두고 ⁴또 그 귀를 진리에서 돌이켜 허탄한 이야기를 따르리라 ⁵그러나 너는 모든 일에 신중하여 고난을 받으며 전도자의 일을 하며 네 직무를 다하라 ⁶전제와 같이 내가 벌써 부어지고 나의 떠날 시각이 가까웠도다 ⁷나는 선한 싸움을 싸우고 나의 달려갈 길을 마치고 믿음을 지켰으니 ⁸이제 후로는 나를 위하여 의의 면류관이 예비되었으므로 주 곧 의로우신 재판장이 그 날에 내게 주실 것이며 내게만 아니라 주의 나타나심을 사모하는 모든 자에게도니라 (딤후 4:1~8)

students

바울은 모든 목사에게 적용할 수 있는 다섯 가지를 열거했습니다(2절). 목사는 하나님의 말씀을 신실하면서도 일관성 있게 열정적으로 설교하고 가르쳐야 합니다. 둘째, 때를 얻든지 못 얻든지 전해야 합니다. 가깝든지 멀든지 상관없이 말씀을 끈질기게 전해야 합니다. 목사는 기분이 좋을 때나 나쁠 때나 언제든 말씀을 선포해야 합니다. 셋째, 목사는 태만하거나 공격적인 사람을 경책해야 합니다. 넷째, 목사는 성경에 맞지 않게 말하거나 행동하는 자를 경계해야 합니다. 다섯째, 목사는 하나님의 영광을 위해 거룩한 삶을 살아가도록 양 떼에게 권해야 합니다.

바울은 전도자의 일을 하고 직무를 다하라고 했습니다(딤후 4:5). 교회에서 목사는 영혼을 얻는 본을 보여 주어야 하고, 현재 그리스도를 전하고 있는 사람들을 격려해 주어야 합니다. 이는 교회에서 복음주의적인 문화를 형성할 수 있는 가장 실질적인 방법 중 하나입니다. 이는 바울이 초점을 잃지 않고 실천해 왔던 바로 그 일입니다(행 20:24 참조).

본문으로 더 깊이

디모데전서 4장에서 바울은 다른 사람에게 명령하라고 디모데에게 지시했습니다. "네가 이것들을 명하고 가르치라"(딤전 4:11). 이 말은 장군이 군인에게 하듯이 호령하라는 뜻이 아닙니다. 디모데가 목사 역할을 수행할 때 가져야 할 자신감에 관한 것입니다. 바울은 제자 디모데가 감당해야할 임무로 인해 긴장하고 있음을 감지했던 것이 분명합니다. 디모데는 하나님의 진리를 선포하기 위해 담대해야 했습니다. 디모데를 부르신 하나님은 그에게 단순히 의견을 제시하신 것이 아니라 명령하셨던 것입니다. 여기서 '이것들'은 바울이 이전 구절에서 언급했던 구체적인 사항들을 가리키지만, 말씀 전체를 충실히 가르치는 것과 관련이 있습니다.

바울은 운동 경기와 군사 비유를 동원해서 디모데에게 사역을 어떻게 시작하느냐가 아니라, 사역을 어떻게 끝내느냐가 중요하다는 사실을 상기시켰습니다. 바울은 선한 싸움을 싸웠고, 달려갈 길을 마쳤으며, 믿음을 지켰습니다. 바울이 사용한 비유를 혼동하지 말아야 합니다. 이는 교회에서 사람들과 끊임없이 불필요한 논쟁을 벌이거나, 주먹다짐을 하라는 말이 아닙니다. 또한 제대로 믿는 척하면서 신학적 속물이 되어서는 안 됩니다. 설교하고 가르치고 다른 사람과 논할 때에는 잘난 체를 모르는 바보가 되어야 합니다.

바울은 충실하게 교리를 이해하고 분명한 확신을 가져야 한다고 디모데에게 말했습니다. 말씀을 가르친다는 것은, 그 가르침이 당시 문화와 충돌할 때 흔들리지 않는 것을 의미합니다. 예를 들면, 예수님은 하나님께 나아갈 수 있는 여러 길 가운데 하나가 아니라, '유일한' 길이십니다. 이것이 하나님의 선하고 위대한 계획입니다. 우리는 대중적인 인기를 근거로 우리가 붙들 신념을 선택하지 않습니다. 지지하고 싸우고 심지어 죽을 만한 가치를 가진 것들이 있습니다. 바울은 디모데가 이 사실을 이해하고 실천하기를 원했습니다.

올림픽 출전 선수들은 국가 대표로서 수년간 훈련하고 경쟁하며 희생합니다. 어떤 선수는 말 그대로 몇 초 안에 끝나는 경기에 출전하기도 합니다. 불과 몇 초를 위해서 왜 그토록 희생할까요? 이를 위해 수년간 훈련한 그들에게는 '올림픽 참가자'라는 명예가 보상으로 주어집니다. 그러나 목사는 평생 예수님과 교회를 섬깁니다. 그들이 그토록 희생하고 기쁘게 섬기는 이유는 올림픽 금메달보다 훨씬 위대한 의의 면류관이 그들을 기다리고 있다는 사실을 알기 때문입니다. 그들은 올림픽 시상대에서 명예를 얻지는 못해도, 만왕의 왕 앞에 무릎을 꿇고 바칠 수 있는 영예를 얻을 것입니다.

> 사람들이 하나님을 더 좋아하게 만들기 위해
> 하나님을 실제와 다르게 만들어 버릴 권리가 우리에게 있다는 말입니까?
> 하나님에 관한 진리를 선포함으로써 그분께 영광을 돌리십시오.
> 짐 엘리프 Jim Elliff

구원의 길은 누구에게나 열려 있어

바울은 디모데에게 했던 것과 같은 방식으로, 디도에게도 목사의 사역에 관해 격려했습니다. 디도서 2장 1~10절은 사람들이 바른 교훈을 따라 살도록 가르칠 수 있는 실질적인 지침을 제시했습니다. 그리고 이어서 11절부터는 바울의 말대로 살아가야 하는 이유에 대해 교리적 근거를 들어 이야기하며 디도를 이끌었습니다.

¹¹모든 사람에게 구원을 주시는 하나님의 은혜가 나타나 ¹²우리를 양육하시되 경건하지 않은 것과 이 세상 정욕을 다 버리고 신중함과 의로움과 경건함으로 이 세상에 살고 ¹³복스러운 소망과 우리의 크신 하나님 구주 예수 그리스도의 영광이 나타나심을 기다리게 하셨으니 ¹⁴그가 우리를 대신하여 자신을 주심은 모든 불법에서 우리를 속량하시고 우리를 깨끗하게 하사 선한 일을 열심히 하는 자기 백성이 되게 하려 하심이라(딛 2:11~14)

바울은 먼저 디도에게 성경의 기본적인 내용을 기억하게 했습니다. 구원은 예수님을 믿는 모든 사람에게 주시는 하나님의 은혜입니다. 성경은 구원에 믿음이 필요하다는 것과, 불신이 얼마나 위험한지를 분명하게 밝히고 있습니다. 이 말은 구원이 인종, 사회적 지위, 언어, 혹은 다른 어떤 조건과 상관없이 모든 믿는 사람에게 열려 있다는 뜻입니다.

그리스도 없이는 우리 모두 거룩하신 하나님 앞에서 죄인이라는 사실을 기억하는 것이 중요합니다. 우리 가운데 구원받아 마땅한 사람은 아무도 없습니다. 실제로 하나님이 우리가 받아 마땅한 대로 우리를 대하신다면, 우리는 모두 지옥에 있을 것입니다.

우리에게 필요한 구원에서 하나님의 은혜는 무슨 역할을 할까요? 은혜는 죄 사함과 하나님과의 새롭고도 생명력 있는 관계를 갖게 해 줍니다. 하지만 바울은 여기서 은혜로 충만한 이 구원의 실질적이면서 일상적인 영향력에 초점을 맞추었습니다. 예수 그리스도의 복음은 일상을 경험하는 방식을 바꾸어 놓습니다. 육체적으로 정서적으로 금전적으로 직업적으로 관계적으로 변화를 경험하게 합니다. 바울은 하나님의 구원이 우리의 삶까지 변화시키신다는 사실을 디도가 이해하기를 바랐습니다.

복음에는 소극적인 면과 적극적인 면이 함께 있습니다. 복음은 우리에게 '경건하지 않은 것과 이 세상 정욕'을 버리라고 강권합니다. 이것은 소극적인 명령입니다. 즉 우리는 인생의 절반을 문제를 회피하다가 보내게 될 것입니다. 세속적이고 육신적이며 죄로 물든 갈망이 매력적으로 보이기는 하지만, 하나님의 은혜는 그 갈망보다 주님의 길이 더 낫다는 사실을 상기시킵니다. 우리는 예수님으로 인해 경건하지 않은 것과 이 세상 정욕을 거부할 수 있을 뿐만 아니라 한 발 더 나아가 합리적인 모습으로 살아갈 수 있는데, 이것은 복음의 적극적인 면이 주는 선물입니다. 기독교는 참되니 이것으로 충분합니다. 그러나 또한 실질적이기도 합니다. 우리를 구원하시는 예수님의 사역 덕분에 기독교는 최고의 삶의 방식이라 할 수 있으며, 우리 안에 계신 성령님은 매일 합리적인 선택을 하도록 우리를 이끄시고 힘을 주십니다. 그리스도 안에서 우리는 주님의 완벽한 의를 받았을 뿐만 아니라(고후 5:21), 주님이 우리를 변화시키시고 능력 주심에 따라 우리도 의롭게 살 수 있는 능력을 얻습니다.

알짬 교리 99

성경의 영감

'성경의 영감'이란 성경을 기록한 인간 저자들에게 하나님이 지시하신 것을 가리키는데, 그들은 하나님이 인류에게 주시는 메시지를 자기 글로 작성하고 기록했습니다(딤후 3:16; 벧후 1:19~21). 성경의 영감은 하나님이 인간 저자에게 직접 말씀해 주시는 구술 방식으로 이루어지기도 했습니다. 그러나 대부분은 성령님이 저자들의 인격에 초자연적인 영향력을 행사하시는 방식으로 이루어졌으므로 그들의 글은 곧 하나님의 말씀으로 간주됩니다.

그리스도와의 연결

students

생애 말엽에 바울은 자신이 신뢰하던 믿음의 자녀 디모데와 디도에게 편지를 보냈습니다. 바울이 당부한 것은, 좋은 목자로서 하나님의 백성이 진리를 알도록 인도해 주시는 예수님의 본을 따르라는 것이었습니다. 교회를 위해 죽기까지 하신 예수님을 따라 교회를 섬기는 것, 이것이 바로 목사와 지도자가 받은 사명입니다.

YOUR STORY

하나님이 들려주시는 이야기는 오늘을 사는 나와 늘 연결되어 있습니다. 아래 질문에 답하면서 성경 이야기가 내 이야기와 어떻게 연결되는지 생각해 봅시다.

▶ **어떻게 하면 가혹해지거나 소심해지지 않으면서도 다른 사람들이 하나님의 명령에 순종하도록 권할 수 있을까요?**
말투가 매우 중요합니다. 우리가 그들에게 관심을 가지고 있으며, 그들에게 최선의 것을 주려고 한다는 점을 진심으로 보여 주어야 합니다. 말투 외에도 우리가 하는 말과 사용하는 언어에도 관심을 기울여야 합니다. 다시 말해서, 그들이 해야 하거나 하지 말아야 할 일을 열거해서는 안 됩니다. 그 대신에 그들 삶에 들려주시는 하나님의 진리를 은혜롭고 다정하게 전할 수 있도록 대화해야 합니다.

▶ **목사나 지도자의 꾸지람이나 권면으로 도움을 받은 적이 있나요?**
이 질문에 관한 답변은 다양할 것입니다.

▶ **주위 문화의 영향 때문에 자신이 신실하게 지켜 내기가 점점 더 힘들어지는 신학적 확신에는 어떤 것이 있나요?**
이 질문에 관한 답변은 다양할 것입니다.

▶ **복음을 기억하는 사람답게 살아가기 위해 가정과 학교와 이웃 등에서 변화되어야 할 삶의 방식에는 어떤 것이 있나요?**
복음에는 우리의 미래와 부활도 담겨 있습니다. 언젠가 이루어질 일들을 끊임없이 상기하면서 일상을 살아갈 때, 우리는 현재에도 미래의 현실을 반영하는 방식으로 살아갈 동기를 부여받습니다.

하나님의 이야기
하나님이 그분의 아들 예수 그리스도를 통해 우리를 구속해 주신 이야기

우리의 이야기
우리의 이야기가 하나님의 이야기와 만나는 곳

YOUR MISSION

 생 각

바울은 믿음이 계속 성장해야 한다고 디모데에게 말했습니다(딤전 4:15~16). 이는 모든 그리스도인에게 적용됩니다. "이 모든 일에 전심전력하여"(딤전 4:15)라는 말은 규칙적인 일상이라는 의미가 있습니다. 바울은 디모데에게 건강한 일상을 살아가도록 권고했습니다. 우리는 그리스도와 함께 성장하고 성숙하기를 바라면서 이것을 실천해야 합니다.

● **바울이 디모데에게 했던 지시를 우리 삶에도 적용하려면 어떻게 해야 할까요?**
바울이 언급한 영역에서 주위 사람을 위해 모범을 보여야 하고, 믿음 안에서 자라나고 성숙하기 위해 영적 훈련을 실천해야 합니다.

● **우리는 하나님의 말씀을 실천하고 바르게 선포하기 위해 앞장서는 목사와 지도자를 어떤 방법으로 격려할 수 있을까요?**
그들을 격려하는 한 가지 방법은 그들의 모범을 따르는 것입니다. 다른 방법은 그들의 모범이 나의 영적 훈련에 얼마나 도움이 되는지를 전하는 것입니다.

 마 음

우리는 이생이 끝이 아님을 알기에 지금 경건하게 살 수 있습니다. 만물의 회복에는 '복스러운 소망'이 있는데, 그 근거는 하나님이자 구원자이자 구속자이신 예수님이십니다. 예수님은 우리가 모든 불경건과 정욕을 거부하고, 하나님께 영광을 돌리며 선행할 수 있도록 우리를 모든 불의에서 구속해 주십니다. 분명하게 말하지만, 우리는 하나님에게서 무엇인가를 보상으로 얻기 위해서 선행을 하는 것이 아닙니다. 우리는 하나님으로부터 어떤 보상도 받을 수 없습니다. 우리가 선행을 하는 것은 우리 본성을 바꾸시는 성령님의 사역이 감사하는 마음으로 기꺼이 선행하고자 하는 새로운 마음을 우리 안에 창조함으로써 우리 본성을 바꾸시기 때문입니다(고후 5:16~17).

● **경건을 추구하지 못하게 가로막는 것에는 어떤 것이 있나요?**
관계, SNS, 게임 등을 예로 들 수 있습니다.

● **그리스도의 재림과, 미래에 있을 만물의 구속은 우리가 살아가는 방식에 어떤 영향을 끼칠까요?**
우리는 장차 있을 예수님의 재림에 비추어 살아야 하고, 미래의 현실을 현재에 반영하도록 노력해야 합니다.

 행 동

하나님은 목사에게 말씀의 본이 되고, 말씀을 선포하며, 우리로 하여금 그리스도의 권위와 지도력에 따라 말씀에 복종하도록 권면하는 사역을 하라고 하셨습니다. 목사는 교회에 주신 하나님의 축복이므로 교회도 목사를 사랑하고 격려하고 기도하고 지원함으로써 교회가 목사에게 축복이 될 수 있도록 힘써야 합니다. 이번 한 주 동안 목사와 교회 지도자를 어떻게 격려하고, 그들에게 받은 대로 어떻게 그들에게도 줄 수 있을지 생각하는 시간을 가져 봅시다.

다음 모임까지 사도행전 9~14장을 읽어 보세요.

● **목사와 지도자를 섬길 수 있는 방법에는 어떤 것이 있을까요?**
그들을 위해 기도하고 격려하며, 그들의 말에 집중하는 등의 방법으로 섬길 수 있습니다.

● **목사와 지도자로부터 그리스도를 따를 수 있도록 격려받은 적이 있나요?**
이 질문에 관한 답변은 다양할 것입니다.

07

한때는 죄의 종,
지금은 하나님의 자녀

요약

7과에서 깨닫게 되는 중요한 사실은 하나님이 우리를 그리스
도 안에서 변화시키신다는 것입니다. 성경에서 강조하는 사실
을 로마서 8장에서도 볼 수 있는데, 곧 죄와 두려움의 종이었다
가 하나님의 자녀가 된 우리의 급진적인 변화입니다. 이 변화를
통해, 우리는 하나님이 언젠가 만물을 새롭게 하실 것을 확신
하며 또한 희망을 품고 살아가는 하나님의 자녀가 되었습니다.

성경

로마서 8장 12~39절

HIS STORY

포 인 트	하나님은 죄와 죽음의 종노릇하던 우리를 구원하시고, 성령님을 통해 생명을 주신다.
등 장 인 물	바울(그리스도를 따르는 자와 이방인의 사도가 된 전직 박해자)
메시지 좌표	종에서 자녀로, 탄식에서 찬양으로, 죽음에서 생명으로 나아가며 우리는 은혜의 하나님을 예배합니다. 하나님이 우리를 위해 이런 일을 행하신 이유는 무엇일까요? 왜 불경건한 반역자에게 은혜로운 방식으로 대해 주실까요? 바울은 그 답을 로마서 8장에서 제시했습니다. 바로 하나님이 사랑이시기 때문입니다. 하나님의 사랑은 크고 깊습니다.

도 입

디즈니-픽사가 제작한 애니메이션 <업>(Up)은 초반에 펼쳐지는 감동적인 회상 장면이 유명합니다. 그 짧은 장면에서 관객은 까다로운 홀아비 칼의 인생을 상세히 볼 수 있습니다. 전체 이야기의 핵심을 포착해서 여러 배경을 잘 드러낸 그 회상 장면을, 많은 관객이 걸작이라고 불렀습니다.

바울 서신 가운데 로마서를 최고로 꼽는 사람이 많습니다. 몇몇 학자는 이 위대한 편지에 담긴 신실한 설교를 통해 교회사의 주요 부흥이 일어났다고 주장합니다. 이 편지의 한복판에 놓인 로마서 8장에서 우리는 신학적인 글의 에베레스트산을 발견합니다. 이 장은 그리스도께서 완성하신 사역에 담긴 좋은 소식의 영광을 묘사하는 신약의 핵심 요소입니다.

다른 말로 하면, 로마서 8장은 하나님의 구속 이야기가 우리를 어떻게 완전히 바꾸어 놓았는지를 마치 훌륭한 영화처럼 폭넓게 보여 줍니다. 즉 고통에서 축제로, 종살이에서 자유로, 죽음에서 부활로 변화하는 모습을 보여 주는 것입니다. 복음을 풍성하게 설명해 주는 본문의 내용을 제대로 이해하는 것이 중요합니다.

▶ 여러분은 예수님을 믿고 복음을 통해 어떻게 변화되었나요? 어떤 모습으로 변화되기를 바라나요?

하나님의 아들딸은 이렇게 살아

전에 우리는 예수님이 들려주신 탕자의 비유를 공부했습니다. 요약하면, 어떤 작은아들이 아버지께 자신의 유산을 미리 받아 내서 제멋대로 쾌락을 좇으며 살다가 마침내 재산을 탕진하고 돼지우리에서 여물을 먹는 신세가 되고 말았습니다. 그는 자신의 모습을 깨닫고는, 집으로 돌아갈 용기를 낼 수만 있다면 인생이 어떻게 변할지를 상상하기 시작했습니다. 방탕한 아들이 보인 첫 반응은, 부유한 아버지 밑에서 특권을 누리던 예전의 삶으로 돌아갈 수 없다는 것이었습니다. 그 대신에 그는 "아버지의 일꾼도 나보다는 잘살 거야. 차라리 집에 돌아가서 아버지의 일꾼이 되는 게 낫겠어"(눅 15:11~32 참조)라고 생각했습니다.

아버지는 작은아들을 종이 아닌 아들로 환영해 주었습니다. 아버지가 받아들여 주었을 때 작은아들이 아버지를 향해 느꼈을 감사와 사랑을 상상해 봅

도입 선택

학생들에게 어린 시절의 사진을 가져오도록 미리 부탁하세요. 다음의 질문을 사용해서 학생들이 자신의 어릴 때 모습과 지금 모습이 어떻게 변했는지 설명하게 해 주세요.

- *어릴 때 머리 스타일은 어땠나요?*
- *어릴 때 살던 집은 어땠나요?*
- *어릴 때 좋아한 영화는 어떤 것이었나요?*
- *어릴 때 이후로 패션 감각은 어떻게 변했나요?*
- *어릴 때 가장 친했던 친구의 이름을 말해 보세요. 그 친구들과 계속 만나고 있나요?*

성장하면서 우리는 패션 감각뿐 아니라 몸, 성격의 변화를 경험하게 됩니다. 이처럼 우리가 달라지는 변화를 우리는 예수님을 구세주로 믿는 순간부터 경험하게 됩니다. 하나님은 우리를 계속 변화시키십니다. 우리는 그리스도 안에서 끊임없이 구세주의 형상으로 빚어지고 있는 새로운 피조물입니다.

시다(눅 11:22~24). 바울은 은혜의 능력을 통해 우리가 경험하게 되는 변화를 로마서 8장 12~17절에서 요약해 주었습니다. 이 구절을 읽을 때 우리도 작은아들과 같이 반응해야 합니다.

¹²그러므로 형제들아 우리가 빚진 자로되 육신에게 져서 육신대로 살 것이 아니니라 ¹³너희가 육신대로 살면 반드시 죽을 것이로되 영으로써 몸의 행실을 죽이면 살리니 ¹⁴무릇 하나님의 영으로 인도함을 받는 사람은 곧 하나님의 아들이라 ¹⁵너희는 다시 무서워하는 종의 영을 받지 아니하고 양자의 영을 받았으므로 우리가 아빠 아버지라고 부르짖느니라 ¹⁶성령이 친히 우리의 영과 더불어 우리가 하나님의 자녀인 것을 증언하시나니 ¹⁷자녀이면 또한 상속자 곧 하나님의 상속자요 그리스도와 함께한 상속자니 우리가 그와 함께 영광을 받기 위하여 고난도 함께 받아야 할 것이니라 (롬 8:12~17)

육신대로 살지 않는다는 말의 의미를 생각해 봅시다. 그리스도인은 절대로 죄짓지 않는다는 의미일까요? 그렇거나 그렇지 않다고 생각하는 이유는 무엇인가요?

본문에 앞서 바울은 육신을 따라 사는 것과 성령을 따라 사는 것을 대조하면서, 육신의 지배를 받는 사람은 하나님을 절대 기쁘시게 하지 못한다고 확언했습니다(롬 8:8). 이 경고는 육신을 따라 사는 것의 심각성에 대해 경각심을 불러일으킵니다. 따라서 우리는 혹시라도 육신을 따라 살고 있지 않은지 자신의 삶을 면밀히 살펴봐야 하고, 만일 그렇다면 그것이 하나님과의 관계에서 어떤 의미를 주는지 생각해 봐야 합니다. 바울은 그러한 우려를 예상했고, 그래서 본문에서 이 문제를 다뤘던 것입니다.

만일 그리스도 안에 있다면, 그 사람은 더 이상 육신의 종이 아닙니다. 그리스도께서는 우리를 해방시켜 주셨고, 성령님은 우리 안에 남아 있는 몸의 행실을 죽일 수 있도록 도우십니다. 그리스도인이 되어서도 여전히 죄를 지을 수 있지만, 더 이상 죄를 짓지 않도록 복음이 우리를 변화시킵니다. 육의 사슬은 깨져 산산조각이 났습니다.

그 덕분에 우리는 더 이상 두려움의 종이 아닙니다. 그리스도 안에 있으면, 하나님께 거절당할까 봐 두려워할 이유가 없습니다. 우리가 계속해서 치르는 육신과의 전쟁은 언젠가 하나님에게서 분리되는 것으로 끝나지 않을 것입니다. 왜 그럴까요? 양자의 영이 종의 영을 대체해 버렸기 때문입니다. 우리는 이제 하나님의 아들딸입니다.

바울 시대에 있던 로마식 입양은, 마치 그 집에서 태어났다는 듯이 완전히 가족으로 받아들이는 것이었습니다. 그렇게 입양된 아이는 양자라 해도 다른 자녀와 똑같이 모든 권리를 부여받았습니다. 이전의 모든 관계나 의무나 채무는 없어지는 것입니다. 본질적으로, 입양은 근본적으로 완전히 새롭고 영구적인 정체성을 주었습니다. 이것이 바로 바울이 양자를 육신의 종과 대조한 이유입니다.

이것은 하나님에 대한 우리의 관점을, 그리고 그분과 우리의 관계에 대한 관점을 뒤바꿀 뿐만 아니라 우리가 그리스도인으로서 사는 방식도 바꿉니다. 자녀라는 우리의 신분은 우리가 할 일이 없음을 의미하지 않습니다. 오히려 이 신분이 영구적이고, 그리스도께서 이미 충족시킨 바를 우리가 되갚을 수도 없고, 하나님이 주신 것을 잃어버릴 수도 없다는 사실을 알기 때문에 자발적이고 기쁜 마음으로 우리의 할 일을 해야 합니다. 더 이상 미래가 불확실한 노예로 사는 것이 아니라, 확실한 유산을 물려받을 아들과 딸로 살아갑니다.

탄식의 땅에 소망이 심기다니

바울은 신자가 하나님의 자녀로 입양되어 '그리스도와 함께한 상속자'가 되었다고 했습니다. 그리고 곧바로 그리스도와 마땅히 공유하는 모든 것 가운데 즐거운 것만 있지 않다는 사실을 덧붙였습니다. 우리는 이제 그리스도의 고난에도 참여해야 합니다. 그리스도와 함께 영광을 받고, 만물이 회복할 그날을 고대하면서 말입니다.

[18]생각하건대 현재의 고난은 장차 우리에게 나타날 영광과 비교할 수 없도다 [19]피조물이 고대하는 바는 하나님의 아들들이 나타나는 것이니 [20]피조물이 허무한 데 굴복하는 것은 자기 뜻이 아니요 오직 굴복하게 하시는 이로 말미암음이라 [21]그 바라는 것은 피조물도 썩어짐의 종노릇한 데서 해방되어 하나님의 자녀들의 영광의 자유에 이르는 것이니라 [22]피

조물이 다 이제까지 함께 탄식하며 함께 고통을 겪고 있는 것을 우리가 아느니라 ²³그뿐 아니라 또한 우리 곧 성령의 처음 익은 열매를 받은 우리까지도 속으로 탄식하여 양자 될 것 곧 우리 몸의 속량을 기다리느니라 ²⁴우리가 소망으로 구원을 얻었으매 보이는 소망이 소망이 아니니 보는 것을 누가 바라리요 ²⁵만일 우리가 보지 못하는 것을 바라면 참음으로 기다릴지니라 ²⁶이와 같이 성령도 우리의 연약함을 도우시나니 우리는 마땅히 기도할 바를 알지 못하나 오직 성령이 말할 수 없는 탄식으로 우리를 위하여 친히 간구하시느니라 ²⁷마음을 살피시는 이가 성령의 생각을 아시나니 이는 성령이 하나님의 뜻대로 성도를 위하여 간구하심이니라 ²⁸우리가 알거니와 하나님을 사랑하는 자 곧 그의 뜻대로 부르심을 입은 자들에게는 모든 것이 합력하여 선을 이루느니라 ²⁹하나님이 미리 아신 자들을 또한 그 아들의 형상을 본받게 하기 위하여 미리 정하셨으니 이는 그로 많은 형제 중에서 맏아들이 되게 하려 하심이니라 ³⁰또 미리 정하신 그들을 또한 부르시고 부르신 그들을 또한 의롭다 하시고 의롭다 하신 그들을 또한 영화롭게 하셨느니라 (롬 8:18~30)

이 본문의 흥미로운 점 중의 하나는 피조물의 탄식이 고통스럽기는 하지만, 죽음의 번민과 관련된 것은 아니라는 사실입니다. 뭔가 무너지고 달라지지만 죽음에 이르는 것은 아닙니다. 오히려 세상은 새로워지고 있습니다. 특히 그리스도께서 재림하실 때, 하나님 나라를 완성하시며 새 하늘과 새 땅으로 임하시어 세상이 거듭날 것입니다. 그러므로 세상이 탄식하는 것은 죽음 때문이 아니라 출산의 고통 때문인 것입니다!

students

세상 사람들과 마찬가지로, 우리도 좌절감을 느끼며 고통 속에 있습니다. 바울은 타락한 피조 세계를 흠 잡을 데 없던 에덴동산보다 훨씬 나은 곳으로 회복하실 하나님의 계획에 관해 썼습니다. 그러면서 하나님의 창조의 정점인 남자와 여자도 회복되리라고 했습니다. 우리도 고통으로 탄식하고, 고난으로 탄식하며, 불의 때문에 탄식합니다. 죄 때문에 탄식하고, 점점 노쇠해지는 것 때문에 탄식합니다. 그러나 새 땅이 임하듯이 하나님의 자녀에게 새 몸이 주어질 것입니다. 우리가 그리스도와 함께 상속자가 되었다면, 그것은 우리가 그분과 함께 죽었고, 그분과 함께 살고 있기 때문입니다. 비록 우리는 언젠가 죽게 되겠지만, 부활하리라는 것을 압니다.

어떤 때에 좌절감과 고통을 느껴 봤나요?

누가 우리를 하나님의 사랑에서 끊을까

지금 내가 두려워하는 것이 아무런 의미가 없다는 것을 깨닫게 되면 나의 삶은 어떻게 달라질까요? 나의 존재를 정의하거나 안전하게 해 주는 것이 눈에 보이는 것이 아님을 인식한다면 나는 시간을 어떻게 보낼 수 있을까요?

바울은 자신이 탐구했던 복음이 얼마나 깊은지를 한 편의 시로 드러냈습니다.

[31]그런즉 이 일에 대하여 우리가 무슨 말 하리요 만일 하나님이 우리를 위하시면 누가 우리를 대적하리요 [32]자기 아들을 아끼지 아니하시고 우리 모든 사람을 위하여 내주신 이가 어찌 그 아들과 함께 모든 것을 우리에게 주시지 아니하겠느냐 [33]누가 능히 하나님께서 택하신 자들을 고발하리요 의롭다 하신 이는 하나님이시니 [34]누가 정죄하리요 죽으실 뿐 아니라 다시 살아나신 이는 그리스도 예수시니 그는 하나님 우편에 계신 자요 우리를 위하여 간구하시는 자시니라 [35]누가 우리를 그리스도의 사랑에서 끊으리요 환난이나 곤고나 박해나 기근이나 적신이나 위험이나 칼이랴 [36]기록된 바 우리가 종일 주를 위하여 죽임을 당하게 되며 도살당할 양같이 여김을 받았나이다 함과 같으니라 [37]그러나 이 모든 일에 우리를 사랑하시는 이로 말미암아 우리가 넉넉히 이기느니라 [38]내가 확신하노니 사망이나 생명이나 천사들이나 권세자들이나 현재 일이나 장래 일이나 능력이나 [39]높음이나 깊음이나 다른 어떤 피조물이라도 우리를 우리 주 그리스도 예수 안에 있는 하나님의 사랑에서 끊을 수 없으리라 (롬 8:31~39)

바울은 자신의 질문 방식대로 물었습니다. "자, 그럼 이제 어떤가요? 이 놀라운 일은, 이것을 믿는 여러분의 마음과 인생에 어떤 영향을 미치게 될까요?" 바울은 성령님이 그에게 기록하게 하셨던 이전 구절들을 깊이 생각하면서 즐거운 확신과 함께 어려움을 극복할 수 있었습니다. "네, 우리는 여전히 육과 씨름해야 합니다. 네, 우리는 고난과 고통을 경험할 것입니다. 그러나 하나님은 신실하시고, 그분의 은혜는 흔들리지 않습니다."

바울은 자신의 확신을 이해시키려고 법정 드라마를 펼쳐 보였습니다. 우리는 피고석에 앉고, 하나님은 심판석에 앉으셨습니다. 먼저 바울은 누가 우리를 고소할 것인지를 심판자에게 질문했습니다. 대답은 "아무도 없다"였습니다. 우리를 의롭게 하는 분은 하나님이시고, 하나님은 우리에게 제기되는 모든 고소에 대응하실 수 있기 때문입니다. 이어서 바울은 누가 우리에게 유죄 판결을 내리며 누가 우리를 정죄할 수 있는지를 질문했습니다. 이번에도 대답은 같았습니다. "아무도 없다." 예수님이 그분의 죽음으로 우리 대신 우리의 죗값을 치르셨고, 우리를 위해 중보하시기 때문입니다. 마지막으로 바울은 누가 우리에게 유죄 선고를 내리며 무엇이 우리를 그리스도의 사랑에서 끊을 수 있는지를 심판자에게 질문했습니다. 다시금 대답은 같았습니다. "아무도 없고, 아무것도 그렇게 할 수 없다." 혐의가 제기되거나 유죄 선언이 내려질지라도, 우리는 절대 하나님의 사랑으로부터 분리될 수 없습니다.

알짬 교리99

양자 됨

하나님의 가족에 양자로 들어가는 것은 칭의로 얻게 되는 혜택 가운데 하나입니다. 우리는 칭의를 통해 우리에게 내려질 심판에서 사면을 받게 될 뿐만 아니라 하나님의 자녀가 되는 정체성의 변화를 경험하게 됩니다(요 1:12; 갈 4:5). 양자가 됨으로써 한때 타락으로 인해 잃었던 하나님과의 관계가 회복되고, 그 결과 그리스도와 함께 하나님 나라의 상속자가 되는 유익을 얻습니다(롬 8:16~17).

그리스도와의 연결

하나님의 백성은 하나님의 아들의 형상으로 빚어지는 과정에 있습니다. 우리는 하나님의 가족으로 입양되었기에 더 이상 죄의 종이 아닌 하나님의 자녀가 되었습니다. 우리는 그리스도의 십자가 사역으로 말미암아 하나님의 가족이 되었고, 이제 그리스도와 함께 상속받을 자가 되어 주님이 약속하신 영광스러운 미래를 간절한 마음으로 고대하고 있습니다.

YOUR STORY

하나님이 들려주시는 이야기는 오늘을 사는 나와 늘 연결되어 있습니다. 아래 질문에 답하면서 성경 이야기가 내 이야기와 어떻게 연결되는지 생각해 봅시다.

▶ **하나님의 가족으로 입양되었다는 사실을 확신할 때, 자신과 자신이 사는 방식을 보는 관점에 어떤 변화가 생길까요?**
이 질문에 관한 답변은 다양할 것입니다.

▶ **예수님이 만물을 새롭게 하실 것이라는 사실로 인해 힘을 얻고 있나요?**
예수님이 만물을 새롭게 하실 것이라는 진리를 통해, 우리는 그분이 모든 것을 주관하신 다는 사실과 우리의 선과 기쁨을 위해 일하신다는 사실을 이해할 수 있습니다. 이로 인해 우리는 위로를 얻을 수 있습니다. 또한 이 진리는 오늘날 경험하는 어려움과 시련이 언젠 가 우리가 보게 될 엄청난 영광에 비하면 작은 것임을 깨닫고 미래를 고대하게 합니다.

▶ **세상을 향한 하나님의 계획은 우리가 세상을 대하는 데 어떤 영향을 줍니까?**
하나님은 우리가 피조 세계의 청지기이자 공동 관리인이 되기를 바라셨습니다. 이 계획 은 인류가 죄에 빠짐으로써 틀어지기는 했지만, 그리스도 안에서 회복되었습니다. 이 때 문에 그리스도인은 환경이나 동물 보호에 관해 할 말이 있는 것입니다. 우리 창조주께서 우리에게 이 책임을 부여하셨고, 우리 권한 아래 두신 피조 세계를 돌보는 방식에서 우리 가 그분을 반영하기를 원하십니다.

▶ **지금 가장 걱정하는 일은 무엇인가요? 하나님의 사랑이 담긴 복음을 생각할 때 그 걱정 에 어떤 변화가 일어날 수 있을까요?**
이 질문에 관한 답변은 다양할 것입니다.

하나님의 이야기
하나님이 그분의 아들
예수 그리스도를 통해
우리를 구속해 주신 이야기

우리의 이야기
우리의 이야기가
하나님의 이야기와
만나는 곳

YOUR MISSION

생 각

구원받는 시점에서 성령님이 그리스도를 영접하게 하려고 우리 마음을 깨우셨으며, 우리 삶에 그리스도의 주권을 세우기 위해 우리 안에 거주하기 시작하셨습니다. 그 순간부터 우리와 하나님의 관계는 빚을 갚기 위해 평생 일해야 하는 노예나 하인의 관계가 아닙니다. 영원한 빚을 갚을 길이 없는 현실에 부담감을 느낄 필요가 없고, 충분히 행하지 못한 것에 관해 더는 두려워하지 않아도 됩니다. 그 대신, 사랑이 많으신 하나님 아버지의 자녀가 되는 것입니다. 그리스도께서 빚을 갚아 주셨기에 우리는 더 이상 빚진 자가 아닙니다. 또한 그리스도의 덕을 통해 그리스도와 함께 상속자가 됩니다.

● 하나님과의 관계를 '은혜 갚아야 하는 관계'로 생각하는 이유는 무엇일까요? 본능적으로 떠오르게 된 이런 생각은 좋은 것일까요, 나쁜 것일까요? 그 이유는 무엇인가요?
이렇게 생각하는 이유는 우리가 스스로를 절대로 구할 수 없다는 사실을 자각하지 못하기 때문입니다. 구걸하고 싶은 사람은 없을 텐데, 바로 우리가 그렇게 하고 있습니다.

● 하나님께 순종할 필요 없다고 생각하는 죄에 빠지지 않고, 죄의 대가가 이미 치러졌다는 복음의 진리를 고수하는 것이 왜 중요할까요?
이 질문에 관한 답변은 다양할 것입니다.

마 음

로마서 8장에는 하나님이 우리의 도움 없이 우리를 위해 이루신 모든 일을 찬양하는 경배로 넘칩니다(롬 8:31~39). 간단히 말해서, 바울은 자신이 그리스도와 떨어졌을 때는 죽었지만, 그리스도 안에서는 완전하고 영원하고 변함없이 살았기 때문에 찬양했습니다.

● 복음은 어떻게 신자들 안에 깊은 겸손과 확신을 동시에 심어 줄 수 있을까요?
복음은 단순한 자부심이 아닌, 은혜에 대한 자부심을 줍니다. 단순한 자부심은 교만으로 인도하는 반면, 은혜에 대한 자부심은 모든 것이 하나님으로부터 온 것임을 인정하게 합니다. 또한 우리가 하나님의 양자라는 사실 때문에 우리 안에 자신감을 일으킵니다.

● 바울은 그리스도 안에 있는 삶이 예배임을 이해할 수 있게 해 주었습니다. 일상생활에 관한 이러한 이해는 그리스도인의 삶에 대한 견해를 어떻게 바꿀 수 있을까요?
이 질문에 관한 답변은 다양할 것입니다.

행 동

우리가 인생에서 겪는 모든 일을 인내할 수 있는 열쇠는 장차 이루어질 것들에 시선을 고정하는 것입니다. 하나님께 사랑받는 자녀는 복음에서 약속된 변하지 않을 하나님의 약속들의 완전한 성취를 고대합니다. 이것이 바로 복음의 능력으로 복음을 위해 살아가고자 하는 우리의 동기입니다. 그리고 우리가 전해야 할 기쁜 소식입니다. 이 사실 때문에 우리는 인생의 고통과 고난을 억지웃음이 아닌 진정한 평안과 기쁨과 이 세상의 모든 고난이 일시적이며 잠시일 뿐이라는 확신으로 잠잠히 인내할 수 있습니다.

> 다음 모임까지
> 야고보서 1~5장;
> 갈라디아서 1~3장을
> 읽어 보세요.

● 고난에 대한 그리스도인과 불신자의 견해는 어떻게 달라야 할까요?
이 질문에 관한 답변은 다양할 것입니다.

● 예수님과 그분의 사랑에 초점을 맞추기 때문에 현재 직면한 어려움이 있나요?
이 질문에 관한 답변은 다양할 것입니다.

08

멀어졌던 하나님과 이제는 함께해

요약

8과는 하나님이 우리를 어떻게 변화시키시고, 그분과 다른 사람과 교제하도록 이끄시는지를 이해할 수 있게 해 줍니다. 또한 이러한 교제를 주위로 확장하는 사명을 우리가 받았다는 사실도 깨닫게 해 줍니다.

성경

로마서 12장 9~18절; 고린도전서 1장 9절; 빌립보서 1장 3~7절

HIS STORY

포 인 트	하나님은 우리가 그분과 그리고 그분의 백성과 교제하게 하심으로써 우리를 변화시키신다.
등 장 인 물	바울(그리스도를 따르는 자와 이방인의 사도가 된 전직 박해자)
메시지 좌표	모든 사람은 다른 사람들과 사귀기를 바라는데, 이처럼 서로 알아 가고 받아들여지고 싶은 우리의 갈망은 작지 않습니다. 의미 있는 공동체에서 가치와 친밀함을 찾고자 하는 갈망은 우리가 하나님의 형상이라는 사실에서 비롯됩니다. 죄가 친밀함을 깨뜨린 것은 사실이지만, 복음은 우리가 갈망하는 의미 있는 공동체에 치유와 회복을 줍니다.

도입) ─────────────────────────────●

미국의 정치학자 로버트 퍼트넘(Robert Putnam)은 공동체의 붕괴와 부흥을 다룬《나 홀로 볼링》(Bowling Alone)을 출간했습니다. 그 책의 요점은, 미국인들이 점점 더 개인주의적으로 변해 가고 있다는 것입니다. 퍼트넘은 그 책에 수많은 사회학적 자료와 인구통계학적 연구를 인용했지만, 책의 제목에는 미국인이 좋아하던 경기 '볼링'을 사용했습니다. 한때 동네 볼링장에 모여서 공동체 행복의 필수 요소인 사회적 상호 작용을 나누며 동료애와 팀워크를 다졌던 사람들이 이제는 혼자서 볼링을 즐기고 있는 상황을 활용한 것입니다.

퍼트넘이 개인의 고립 문제를 조금 과장했을지 모르지만 문화적인 고독은 실재합니다. 오늘날 많은 사람이 볼링장이 아닌 커피숍에서 모입니다. 커피숍에 많은 사람이 앉아 있어도, 대부분 혼자서 음악이나 책이나 컴퓨터나 휴대전화를 즐깁니다. 많은 사람이 가까이 살면서도 서로 관계를 맺지 않으며 지내고 있습니다.

▶ 오늘날 우리 문화에서 고립 상태로 빠져 가는 모습에는 어떤 것이 있을까요? 이것을 통해 무엇을 깨닫게 되나요?

나는 앞으로 영원히 혼자가 아니야

　　인간의 선천적인 소외감은 인류 최초의 남녀에게서 비롯되었습니다. 아담과 하와는 만물의 주권자이신 하나님이 지으신 자유롭고 무죄한 피조물이었습니다. 그들은 하나님과 피조 세계 안에서 서로 교제하고, 그 사귐 안에서 자라나도록 지어졌습니다. 그런데 하나님께 불순종하면서 영적으로 치명적인 결과를 얻었습니다. 육신도 영향을 받아서 힘겹게 노동해야 했고, 출산할 때 고통을 경험해야 했으며 땅 자체도 그들에게 어려움을 안겨 주도록 저주받았습니다. 그러나 타락이 가져온 가장 큰 재앙은 죽음입니다. 육신의 죽음과 하나님과 분리됨으로써 오는 영적인 죽음, 두 가지 죽음이 임한 것입니다.

　　감사하게도, 문제를 풀 해답이 있습니다. 고통을 끝내고, 하나님이 처음부터 의도하셨던 활기찬 관계로 돌아갈 길이 있습니다. 그 답은 예수 그리스도께 있습니다. 바울이 이 사실을 어떻게 설명하는지 살펴봅시다.

도입 선택

학생들을 적당히 몇 개의 그룹으로 나누고, 각 그룹 안에서 자원하는 사람 대 남은 사람이 지난주에 공부한 문제를 듣고 답을 적는 게임을 할 것이라고 설명해 주세요. 자원자는 1분을 쓸 수 있지만 다른 사람과 의논하거나 인터넷 검색을 할 수 없고, 그룹은 의논할 수는 있지만 30초 안에 답을 써야 합니다. 가능하면 한 번에 한 질문만 하면서 모든 사람이 혼자서 그룹과 맞서는 경험을 할 수 있도록 해 주세요. 퀴즈를 낼 질문의 예는 다음과 같습니다.

· 하나님은 우리를 무엇으로부터 구원하시나요?
· 우리는 하나님이 주시는 생명을 어떻게 받나요?
· 지난주의 성경 본문은 어디였나요?
· 지난주 성경 본문의 저자는 누구인가요?
· 지난주 성경 본문의 본래 독자는 누구인가요?

게임을 마친 후, 혼자서 답하는 것과 그룹 사람들과 함께 답하는 것 가운데 언제 더 어려웠는지 물어보세요. 하나님은 우리가 그분과 함께 살아가도록 지으셨습니다. 우리는 길을 잃고 죽어 가는 세상에 복음을 전하는 일을, 하나님과 다른 신자들과 함께해 나갑니다.

---

⁹너희를 불러 그의 아들 예수 그리스도 우리 주와 더불어 교제하게 하시는 하나님은 미쁘시도다 (고전 1:9)

복음의 능력 덕분에 우리는 절대 혼자가 아닙니다. 비록 우리 곁에 아무도 없을지라도, 하나님은 언제나 우리와 함께하십니다. 그분의 영이 우리 안에 거하시고 우리는 '그리스도와 함께 하나님 안에 감추어졌습니다'(골 3:3). 하나님이 우리를 불러 그리스도와 사귀게 하셨다는 말은 바로 이런 의미입니다. 이제 우리 각 사람은 그분과 영원한 관계로 단단하게 연결되었습니다.

우리는 예수님과 사귀면서, 이전에는 경험하지 못했던 평안, 위로, 기쁨을 경험하게 됩니다. 하나님을 알아 가고, 그분께 속속들이 드러나고 받아들여지는 경험을 하면서 자유롭게 됩니다. 어떠한 상황에서도 은혜의 하나님은 우리를 사랑해 주시고 평안과 위로와 기쁨을 주시며 우리 곁에 계십니다. 이것은 오직 그리스도 안에서만 발견할 수 있는 것이기에, 세상 사람들은 단지 그림자처럼 경험할 수밖에 없습니다. 그렇다고 해서 그리스도 안에 있으면 모든 고난과 고통에서 벗어날 수 있다는 뜻은 아닙니다. 지난 과에서 살펴보았듯이, 그리스도와 함께하는 것은 그분의 고난에도 동참하는 것을 의미하기 때문입니다. 그러나 그리스도 안에 있기 때문에 우리는 고난을 잠잠히 인내할 수 있습니다. 일시적이고 분명한 목적이 있는 고난을 통해 우리는 하나님이 영광받기 위해 일하고 계심을 깨달을 수 있습니다.

복음은 그리스도와의 화목에 관한 것입니다. 이것은 우리의 죄를 위해 죽으시고, 우리가 그분 안에서 영생을 얻을 수 있도록 부활하신 하나님의 아들과의 연합을 통해서 우리가 하나님께 다시 돌아가는 길을 알려 줍니다. 그런데 복음은 하나님과 우리의 개별적 화목보다 깊고 광활한 것입니다.

진정한 공동체나 진정한 교제를 경험해 본 적이 있다면 언제였나요? 그리스도와의 교제는 그것과 어떻게 다르거나 비슷할 것이라고 생각하나요?

친밀하게 사귀는 교회

인간의 타락으로 인한 '죽음'은 하나님과의 관계가 끊어진 것을 말합니다. 죄로 인해 우리는 그분과 단절되었습니다. 그런데 창세기 3장을 보면, 아담과 하와의 죄가 하나님과 그들을 단절시킨 것으로 끝나지 않고, 그들 서로간에도 나뉘게 했다는 사실을 알 수 있습니다(창 3:16). 이처럼 죄는 모든 관계에 영향을 미칩니다.

그런가 하면, 복음은 그리스도 안에서 우리를 단지 하나님하고만 연합시키는 것이 아니라 우리가 먼저 하나 되어 하나님과 연합하게 합니다. 예수님과의 교제 안으로 들어갈 때, 우리는 그리스도 안에서 화목하게 된 다른 모든 사람과의 교제 안으로 들어가게 되는 것입니다. '교회'로 불리는 공동체 안으로 말입니다. 신약에서 복음이 화목하게 만드는 장면을 수없이 발견할 수 있습니다. 교회 안에서 화목하게 된 죄인들의 관계에서 복음이 실질적으로 작동하는 방식에 관한 가장 생생한 그림 중의 하나는 로마서 12장 9~18절에서 찾을 수 있습니다.

⁹사랑에는 거짓이 없나니 악을 미워하고 선에 속하라 ¹⁰형제를 사랑하여 서로 우애하고 존경하기를 서로 먼저 하며 ¹¹부지런하여 게으르지 말고 열심을 품고 주를 섬기라 ¹²소망 중에 즐거워하며 환난 중에 참으며 기도에 항상 힘쓰며 ¹³성도들의 쓸 것을 공급하며 손 대접하기를 힘쓰라 ¹⁴너희를 박해하는 자를 축복하라 축복하고 저주하지 말라 ¹⁵즐거워하는 자들과 함께 즐거워하고 우는 자들과 함께 울라 ¹⁶서로 마음을 같이하며 높은 데 마음을 두지 말고 도리어 낮은 데 처하며 스스로 지혜 있는 체하지 말라 ¹⁷아무에게도 악을 악으로 갚지 말고 모든 사람 앞에서 선한 일을 도모하라 ¹⁸할 수 있거든 너희로서는 모든 사람과 더불어 화목하라(롬 12:9~18)

본문은 그리스도인이 서로 친밀하게 교제하는 모습을 보여 줍니다. 하나님의 백성으로서 우리는 죽으시고 부활하신 예수 그리스도로 말미암아 하나님과 교제합니다. 그리스도의 백성으로서 우리는 하나님이 우리를 사랑하셨듯이 서로 사랑하며 함께 교제합니다.

바울은 그리스도를 통해 수직적으로 하나님과 화목하게 된 죄인이, 수평적으로 서로 간의 화목을 이루는 모습에 관해 기록했습니다. 그리스도 안에 있고 그분의 사랑을 받는 사람은 다른 사람을 사랑하고 그들과 화목하기를 소망합니다. 이는 우리가 그리스도 안에서 공유하는 정체성과, 그분을 향한 사랑에 근거합니다.

십계명에서도 이 두 가지 차원을 볼 수 있습니다. '나 외에는 다른 신들을 네게 두지 말라, 우상을 만들지 말라, 주의 이름을 망령되이 일컫지 말라, 안식일을 지켜라' 등 앞의 네 계명은 수직적인 관계에 관한 것이고, 주위 사람과 사랑하라는 뒤의 여섯 계명은 수평적인 관계에 관한 것입니다. 예수 그리스도께서도 율법을 수직적 차원과 수평적 구도로 요약하셨습니다. "예수께서 이르시되 네 마음을 다하고 목숨을 다하고 뜻을 다하여 주 너의 하나님을 사랑하라 하셨으니 이것이 크고 첫째 되는 계명이요 둘째도 그와 같으니 네 이웃을 네 자신같이 사랑하라 하셨으니"(마 22:37~39). 십계명과 이 두 가지 계명은 죄가 하나님과 이웃에 대한 적대감으로 우리를 몰아넣는다는 사실을 상기시킵니다. 그러나 예수 그리스도의 복음은 두 영역 모두에 화목을 가져옵니다. 그럼으로써 우리가 에덴동산에서 누리도록 하나님이 의도하셨던 수평적이면서도 수직적인 관계를 제공해 줍니다.

바울이 나열한 명령의 목록을 살펴보면, 하나님이 우리에게 바라시는 관계에 대한 깊이를 깨닫게 됩니다. 서로 다른 사람을 '존중하려고' 애쓰는 것입니다. 성도들이 자기 욕구나 필요를 구하기보다, 서로 세워 주고 환영하고 격려하고 위로하는 데 매진하는 모습을 상상해 보세요. 이렇게만 된다면 아름다운 복음 공동체가 될 것이고, 또한 세상 문화와 구분되는 깊은 인상을 남기게 될 것입니다. 세상에서는 사심 없이 사는 모습 때문에 다르게 보겠지만, 그것은 좋은 의미입니다.

> 그리스도인 공동체는 십자가로 시작되었으니 십자가 공동체입니다.
> 이들 예배의 초점은 한때 죽임을 당하셨으나
> 이제는 영화롭게 되신 어린양이십니다.
> 존 R. W. 스토트 John R. W. Stott

선교야말로 복음의 핵심이지, 이게 바로 우리 사명이야

우리 인생의 목적은 세상 사람들에게 사는 목적을 알려 주는 것입니다. 그리스도인끼리만 모여서 복음에 대해 이야기하고 다른 사람에게는 전혀 전하지 않는다면, 그것은 복음을 부당하게 취급하는 것입니다. 하나님이 우리를 하나님 자신과 우리서로 간에 화목하게 만드셨다는 점에서 특히 그렇습니다. 하나님은 개인과 교회 안에서 역사하시면서, 하나님을 잃고 불신하는 세상을 향해 복음을 전하는 비전을 만들어 내십니다. 빌립보서 1장 3~7절에서 바울은 다음과 같이 기록했습니다.

³내가 너희를 생각할 때마다 나의 하나님께 감사하며 ⁴간구할 때마다 너희 무리를 위하여 기쁨으로 항상 간구함은 ⁵너희가 첫날부터 이제까지 복음을 위한 일에 참여하고 있기 때문이라 ⁶너희 안에서 착한 일을 시작하신 이가 그리스도 예수의 날까지 이루실 줄을 우리는 확신하노라 ⁷내가 너희 무리를 위하여 이와 같이 생각하는 것이 마땅하니 이는 너희가 내 마음에 있음이며 나의 매임과 복음을 변명함과 확정함에 너희가 다 나와 함께 은혜에 참여한 자가 됨이라(빌 1:3~7)

바울은 복음 공동체란 '동역 관계'라고 보았습니다. 그는 공동체가 동역하여 복음을 전하면 그제야 화목을 이루는 복음 사역을 완성하는 것이라고 여겼습니다.

복음을 통해 개인적으로 구원받지만, 그렇다고 혼자만 믿도록 구원받은 것은 아닙니다. 복음으로 우리는 화목하게 되었고, 화목을 전하는 사람이 되었습니다(고후 5:18). 따라서 교회가 행하는 선교 사역에 동참하지 않고 하나님을 모르는 사람에게 복음을 전하지 않는다면, 그는 그리스도와 연합하는 복음의 내용을 따르지 않는 것입니다. 교회에 속하는 것은 곧 그리스도인을 향한 하나님의 부르심인데, 이는 없는 것보다는 나은 정도가 아닙니다. 다른 그리스도인과 동역하기 위해서는 복음을 중심으로 뭉쳐야 하고 서로 간의 차이점을 이해하거나 극복해야만 합니다. 이것은 추가로 요구되는 사항이 아니라 복음의 핵심입니다.

동역하기 위해서는 자신이 좋아하는 방식이 아니라 참된 우선순위를 따라야 합니다. 자신의 만족을 추구하기보다 다른 사람의 성장을 도와야 합니다. 우리가 교회임을 가치 있게 여겨야 하는 이유는 특권 때문이 아니라, 책임과 의무 때문입니다. 중요한 것은 우리가 교회에서 무엇을 얻느냐가 아니라 교회의 사명에 무엇을 기여할 수 있느냐 하는 것입니다.

이것은 교회와 우리 자신을 바라보는 데 있어 도전적인 관점입니다. 우리는 이러한 관점을 유지하되, 이것을 이루시는 분이 누구신지 잊어서는 안 됩니다. 하나님이 우리 안에서 이 일을 시작하셨고, 완성하실 것입니다(빌 1:6). 하나님은 우리 안에서 일하시며, 우리를 통해서 일하십니다. 우리가 복음을 전하는 역할을 담당하지만, 이 일을 할 수 있도록 능력 주시는 분은 하나님이십니다.

● students 소그룹, 교회, 주일학교 공동체에서 복음을 전하는 동역을 시작할 수 있는 방법에는 무엇이 있을까요?

알짬 교리 **99**

그리스도와의 연합

그리스도와의 연합은 구원의 핵심입니다. 성경은 구원을 하나님과 언약 관계를 맺는 것으로 묘사하고, 신자들의 모임인 교회를 그리스도의 신부로 묘사합니다(고후 11:2; 엡 5:23~32). 그리스도인은 믿음을 통해 그리스도께서 우리 안에 거하심과 우리가 주님 안에 거하게 됨을 믿습니다(엡 3:17; 골 1:27; 3:1~4). 이 연합은 깨뜨릴 수 없는 것이며, 영원토록 계속될 것입니다.

그리스도와의 연결

● students 그리스도인의 친교는 성경 전체에서 중요한 주제입니다. 특히 신약에서 그렇습니다. 하나님의 백성은 예수 그리스도를 통해 하나님과 교제하며, 이는 그리스도의 죽음과 부활로 인해 가능한 일입니다. 그리스도인은 그리스도의 백성으로서 하나님이 사랑해 주신 것처럼 서로를 사랑하고 친교를 나눕니다.

5~10분

하나님이 들려주시는 이야기는 오늘을 사는 나와 늘 연결되어 있습니다. 아래 질문에 답하면서 성경 이야기가 내 이야기와 어떻게 연결되는지 생각해 봅시다.

▶ 소외감을 느끼고 힘들었던 적이 있나요? 소외감을 이기기 위해 어떻게 했나요?
이 질문에 관한 답변은 다양할 것입니다.

▶ 사람들이 소외감을 하나님과의 관계와 연결해서 생각하지 못하는 이유는 무엇일까요?
사람들은 종종 이 세상의 무엇인가가 자신의 열망과 갈망을 충족시켜 줄 수 있을 것이라고 생각합니다. 그러나 이것은 잘못된 생각입니다. C. S. 루이스는 말했습니다. "어떤 경험을 해도 만족할 수 없는 갈망이 내게 있다면, 이것에 대한 가장 그럴듯한 해석은 내가 다른 세상을 위해 만들어졌다는 것이다." 즉 하나님은 궁극적으로 그분으로만 충족할 수 있는 갈망을 우리에게 주셨습니다.

▶ 로마서에서 권하는 모습을 복음 중심적인 교회의 예로 볼 때, 오늘날 교회가 가장 고심해야 하는 영역은 어떤 부분이라고 생각하나요? 그 가운데 가장 힘든 일은 무엇이라고 생각하며 그 이유는 무엇인가요?
이 질문에 관한 답변은 다양할 것입니다.

▶ 세상은 깨어진 관계로 가득하지만 하나님은 나를 온전히 아실 뿐만 아니라 영원히 받아들이신다는 사실을 알게 되었나요? 그것을 알고 난 후 어떤 느낌이 드나요?
이 질문에 관한 답변은 다양할 것입니다.

하나님의 이야기
하나님이 그분의 아들
예수 그리스도를 통해
우리를 구속해 주신 이야기

우리의 이야기
우리의 이야기가
하나님의 이야기와
만나는 곳

08 멀어졌던 하나님과 이제는 함께해

YOUR MISSION

 생 각

죄와 이기심이 우리를 고립되게 하고, 문화는 이를 가중시킵니다. 우리는 유의미한 공동체에 속해서 생기 넘치는 만족스러운 관계를 누리고 싶지만, 혼자서는 그럴 수 없습니다. 그러나 우리가 할 수 없는 것을 하나님은 하실 수 있습니다. 하나님은 우리 영혼의 가장 깊은 갈망을 충족시키는 관계를 그분과 다른 사람 사이에서 경험할 '유일한' 길을 만들어 주셨습니다. 이 길을 통해서 하나님과의 관계로, 다른 사람과의 관계로 들어갈 수 있습니다.

● **하나님과 올바른 관계를 맺으면 다른 사람과도 의미 있는 관계를 맺을 수 있는 이유는 무엇일까요?**
다른 사람을 하나님의 형상으로 바라보게 되고, 자신이 용서받은 것처럼 다른 사람도 용서할 수 있는 동기와 은혜를 갖기 때문입니다.

● **다른 사람이 좋지 않게 여기는 선택을 한 적이 있거나 그런 습관을 가지고 있나요? 어떻게 하면 변화를 시도할 수 있을까요?**
답변에는 비디오 게임이나 독서나 숙제나 취미 활동 등이 포함될 수 있으며, 그것을 벗어나려는 시도에 대한 답변은 다양할 것입니다.

 마 음

복음은 하나님의 사랑에 대한 계시이고, 교회는 하나님의 사랑을 보여 주는 곳입니다. 하나님의 사랑은 교만이나 이기심이나 오만이나 무례나 험담이나 비난으로 이끌지 않습니다. 우리가 복음으로 나아갈수록 더욱 복음에 빠져들게 되고, 그러면서 로마서 12장 9~18절 말씀이 이루어지는 것을 경험하게 될 것입니다.

● **자신보다 다른 사람을 더 높일 때 얻는 것은 무엇이고, 또 잃는 것은 무엇일까요?**
이 질문에 관한 답변은 다양할 것입니다.

● **교회나 공동체에서 다른 사람을 더 사랑하는 모습에는 어떤 것이 있을까요?**
이 질문에 관한 답변은 다양할 것입니다.

 행 동

교회와 사역에 대해 잘못 이해하는 그리스도인이 있습니다. 그들은 구원받은 후의 믿음을 단지 개인적인 것으로 여기거나 심지어 개인적인 유익을 위한 것으로 간주합니다. 그들은 복음을 위해 다른 사람과 동역하는 것의 중요성과 깊이를 받아들이려고 하지 않습니다. 교회에 출석하기는 하지만 교회 사역에 진정으로 뛰어들지 않으려고 합니다. 교회 사역을 위해 헌금하기도 하지만 그 이유는 '안전하기' 때문이고 실제로 직접 섬기지 않기 때문입니다.

● **개인주의에서 벗어나 교회의 선교 사역에 참여해 임무를 다하는 것이 어려운 이유는 무엇일까요?**
시간은 자신의 것이니 마음대로 써도 된다는 생각이 걸림돌이 될 수 있습니다.

● **학교나 가정에서 복음 사역의 동역자가 되기 위해서는 어떻게 해야 할까요?**
이 질문에 관한 답변은 다양할 것입니다.

> 다음 모임까지
> 갈라디아서 4~6장;
> 사도행전 15~16장을
> 읽어 보세요.

09

진짜는
열매로 알 수 있지

요약

9과에서 주목하는 것은, 복음의 관점에서 바울이 가르치는 은혜, 일, 순종하는 개인적 변화입니다. 우리는 우리가 하는 일보다, 행위 배후에 있는 이유와 동기가 더욱 중요하다는 것을 이해하게 될 것입니다.

성경

갈라디아서 5장 16~26절

HIS STORY

포 인 트	행동의 변화는 성령님으로부터 일어난다.
등 장 인 물	바울(그리스도를 따르는 자와 이방인의 사도가 된 전직 박해자)
메시지 좌표	바울은 갈라디아서에서 행동의 개선이나 변화, 이와 대조되는 마음의 변화에 대해 역동적으로 비교했습니다. 그는 베드로와 대면할 때 이것을 간략히 다루었는데, 행위가 아닌 믿음으로 의롭게 됨을 강조했습니다. 본문에서는, 육체의 소욕과 성령님을 따름으로써 그 결과로 하게 되는 '행위'(마음의 변화)의 서로 대조되는 개념을 더욱 깊이 설명했습니다.

도 입 ⟩

오늘날 수많은 가정에서 흔히 볼 수 있는 장면이 있습니다. 부모가 자녀에게 방 청소하라고 잔소리하는 장면입니다. 부모는 "주말에 청소해라" 또는 "저녁 먹고 나서 치워라"라고 부드럽게 말하지 않고 명령합니다. "지금 당장 치워라!" 자녀의 게으른 모습 때문에 당장 불호령을 내립니다.

우리는 누군가에게 어떤 일을 하도록 권유하거나 강요할 수는 있지만, 그가 자발적으로 하는 것만큼의 의미와 결과를 얻을 수는 없습니다. 이것이 바로 행동 교정과 마음 변화, 즉 행동이 바뀌는 것과 행동의 배후에 있는 동기가 바뀌는 것 사이의 간극입니다.

▶ 우리는 다른 사람들이 어떻게 해 줄 때 존중과 사랑을 받는다고 느낄까요? 행위 자체와 행위에 담긴 마음 가운데 어느 것이 더 중요할까요?

성령을 따라 행해야 해

회개하지 않고 계속 죄를 짓거나, 하나님의 명령대로 살지 않는다고 자신과 남을 판단하는 사람은 여전히 옛 생활 방식에 묶인 사람입니다. 이러한 옛 생활 방식은 전복되었고, 무효화되었고, 심지어 십자가에 못 박혔습니다. 이에 관해서 바울은 이렇게 설명했습니다.

> [16]내가 이르노니 너희는 성령을 따라 행하라 그리하면 육체의 욕심을 이루지 아니하리라 [17]육체의 소욕은 성령을 거스르고 성령은 육체를 거스르나니 이 둘이 서로 대적함으로 너희가 원하는 것을 하지 못하게 하려 함이니라 [18]너희가 만일 성령의 인도하시는 바가 되면 율법 아래에 있지 아니하리라(갈 5:16~18)

바울은 스스로 옳다고 하는 문제로 벼랑 끝에 서게 된 갈라디아 교회를 염려하며 이 편지를 썼습니다. 그들은 의롭게 되기 위해서는 복음에 행위(이 경우에는 할례)를 더해야 한다고 주장하던 거짓 선생들(유대주의자)에게 휘둘리고 말았습니다. '은혜에서 떨어져 나가다'라는 말은 바로 이런 상황을 두고 하는 말입니다. 끔찍한 죄를 짓지 않더라도, 믿음이 아닌 행위로 의롭게 된

students

다는 생각을 하면 은혜에서 떨어져 나갈 수 있습니다. 바울이 했던 말은, 만일 성령으로 거듭났다면 당연히 성령에 따라 행동해야 한다는 의미입니다.

성령님을 따라 행한다는 말은 무슨 의미일까요? '행하다'로 번역된 헬라어 단어에는 단순히 발과 다리로 움직이는 것만이 아니라, 어떤 방향이나 누군가의 뒤를 따라간다는 의미가 있습니다. 따라서 성령님을 따라 행하는 사람은 그분을 따르고, 그분이 지시하는 방향으로 움직이는 사람입니다. 성령님을 따른다면 그분이 가시는 길을 가게 될 것입니다. 더 정확하게 말하자면, 성령님이 지시하시는 대로 사는 것을 의미합니다.

어떤 그리스도인은 이 문제로 인해 낙심합니다. 성령님의 인도하심을 따르기 싫어서가 아니라 그것을 분별할 줄을 모르기 때문입니다. 이것은 우리에게 좌절감을 안겨 주는 신비로운 것일 수도 있지만, 꼭 그렇지만은 않습니다. 우리가 성령님을 따라 행하기 위해서는 잠잠한 가운데 그분의 음성에 귀를 기울이는 시간을 갖는 것이 필요합니다. 이때 우리가 기억해야 할 사실이 있습니다. 하나님은 우리가 그분을 알기 원하신다는 것입니다.

성령님께 순종해야 성령님을 따른다고 할 수 있습니다. 성령님을 따라 행할 때, 우리 삶이 변화됩니다. 그럴 수밖에 없는 이유가 있습니다. 육체의 욕심을 따라 행하는 것과, 성령님을 따라 행하는 것은 우리 삶을 정반대 방향으로 이끌기 때문입니다. 그러니 성령님을 따라 행합시다. 그러면 성령님이 우리 안에 거하심으로써 우리 안에 그리스도를 영화롭게 하는 열매가 맺힐 것입니다.

성령님의 인도하심을 이해하기 위해 기도와 하나님의 말씀 읽기를 계속하는 것이 중요한 이유는 무엇일까요?

> 자신만만한 도덕주의는 교만을 불러일으키고,
> 성화는 겸손과 참회를 가져옵니다.
> 존 머레이 John Murray

육체의 일을 버려야 해

우리는 자신의 죄를 살피기보다 다른 사람의 죄를 판단하는 것이 훨씬 쉽습니다. 또한 복음을 전하는 데 걸림돌이 되는 자신의 결함을 살피기보다 다른 사람의 결함을 주목하는 것이 쉽습니다. 그런데 바울은 '육체의 일' 목록에서 죄를 크기나 문화에서 용납하는 여부에 따라 구분하지 않았습니다. 모든 죄는 그리스도의 목적에 어긋나며, 온통 성령에 따라 행하는 것이 아니라 육체의 욕구를 탐닉할 뿐입니다. 바울은 다음과 같이 썼습니다.

> [19]육체의 일은 분명하니 곧 음행과 더러운 것과 호색과 [20]우상 숭배와 주술과 원수 맺는 것과 분쟁과 시기와 분 냄과 당 짓는 것과 분열함과 이단과 [21]투기와 술 취함과 방탕함과 또 그와 같은 것들이라 전에 너희에게 경계한 것같이 경계하노니 이런 일을 하는 자들은 하나님의 나라를 유업으로 받지 못할 것이요(갈 5:19~21)

얼마나 많은 사람이 여기에 해당하는지 주목해 보십시오. 비교적 짧은 목록 가운데 원수 맺는 것과 음행, 분쟁과 술 취함이 함께 열거된 것을 볼 수 있습니다. 바울은 교회 밖에서나 일어날 법한 일이 교회 안에서도 자주 일어난다고 언급했습니다. 또한 방탕함이나 주술처럼 명백한 것도 있지만, 투기나 분열처럼 기만적이면서 미묘한 것도 있음을 지적했습니다. 이 고발장에서 자유로울 사람은 아무도 없습니다.

가장 무서운 것은, 바울이 지적한 대로 이런 죄를 범한 사람은 하나님 나라의 유업을 받지 못한다는 사실입니다. 왜 그럴까요? 하나님 나라는 육체에 따라 사는 것을 회개하고 성령님을 따라 살기로 헌신한 사람을 위한 곳이기 때문입니다.

이 말은 그리스도인이 더 이상 죄를 짓지 않음을 의미하지 않습니다. 충분히 그렇게 이해할 수 있어 보여도 그렇지 않습니다. 바울은 죄를 짓는 삶에 대해 심각하게 질타했습니다. 바울은 '이런 일을 하는 자'라고 하면서 하나님께 불순종하는 것이 얼마나 엄중한지를 드러냈습니다. 아직 영화롭게 되지 않은 그리스도인이 죄와 씨름하는 것은 당연한 일입니다. 그러나 중요한 것은 씨름한다는 사실입니다! '이런 일을 하는 자'는 죄를 저지르면서 하등의 죄책감을 느끼지 않는 사람(성령님이 거하시지 않는 사람), 회개하지 않는 사람(성령님께 불순종하는 사람) 등을 말합니다. '일을 하는'이라는 말은 단순히 죄를 짓는 것이 아니라, 죄에 빠져 사는 것을 의미합니다.

행위는 존재로부터 흘러나옵니다. 다른 말로 하면, 우리의 행위는 결국 믿음의 문제입니다. 정체성에 대한 인식이 삶의 방식을 바꿉니다. 우리가 그리스도와 함께 십자가에 못 박혔다는 것은 육의 욕심과 갈망을 벗고 성령님을 따르는 것을 의미합니다.

성령님을 계속해서 따르지 못하게 하는 것에는 어떤 것이 있나요?

성령의 열매를 보여야 해

자신의 존재에 대해 어떻게 인식하는지는 그 사람의 행동과 긴밀하게 연결됩니다. 맞든 틀리든 사람은 그 인식에 따라 행동하는 것입니다. 성경 곳곳에서도 확인할 수 있는 이 개념을 이렇게 다시 표현할 수 있습니다. 그리스도 안에서 받은 새로운 정체성을 받아들이면 그분이 주시는 힘으로 그분의 뜻대로 살아가게 됩니다.

²²오직 성령의 열매는 사랑과 희락과 화평과 오래 참음과 자비와 양선과 충성과 ²³온유와 절제니 이같은 것을 금지할 법이 없느니라 ²⁴그리스도 예수의 사람들은 육체와 함께 그 정욕과 탐심을 십자가에 못 박았느니라 ²⁵만일 우리가 성령으로 살면 또한 성령으로 행할지니 ²⁶헛된 영광을 구하여 서로 노엽게 하거나 서로 투기하지 말지니라(갈 5:22~26)

성령의 열매 목록은 이전에 언급했던 육체의 일 목록과(갈 5:19~21) 어떻게 다른지를 주목해 봅시다. 육체의 일이란 말 그대로 '일'이라는 점에 주목해 볼 수 있습니다. 그런데 성령의 열매는 대부분 성품이나 상태를 나타내는 말로 구성되어 있습니다.

많은 수의 그리스도인은 혼외 성관계를 삼가고 술 취하지 않으며 음란물을 찾지 않습니다. 그럼에도 불구하고 그들 역시 사랑하지 않고 기뻐하지 않고 참지 않고 따뜻하지 않고 친절하지 않습니다. 새로운 존재가 되었다는 사실에 주목하기보다, 행동을 다르게 하는 것만 생각하다 보면 이러한 심각한 문제에 이를 수밖에 없습니다. 이것은 오늘날 제자도를 접근하는 방식에서도 드러나는 문제입니다.

바울은 이러한 자질들을 '성령의 열매'로 불렀습니다. '성령의 열매'라는 말은 그것을 만들어 내시는 분이 성령님임을 드러내 줍니다. 성령의 열매를 맺는 일에 우리는 수동적인 존재는 아니지만, 그렇다고 성령의 열매를 맺게 해 주는 주체도 아닙니다. 우리가 죄를 회개하고 예수 그리스도를 신뢰하면(이것 또한 성령님의 능력으로 할 수 있는 것입니다만), 성령님이 우리 안에 역사하여 이 열매를 맺게 하십니다.

성령님이 우리 내면에 사랑, 희락, 화평, 오래 참음, 자비, 양선, 충성, 온유, 절제라는 열매를 맺으실 때 우리의 외적인 행동도 변화되는 것을 보게 될 것입니다. 사랑이 많은 사람은 사랑을 실천할 것입니다. 희락이 가득한 사람은 기쁨을 표출할 것입니다. 우리가 가진 존재에 대한 인식이 우리의 행동으로 이어집니다. 이처럼, 우리 내면이 하나님을 점점 닮아 갈 때 외적으로도 그분을 더 닮아 가게 될 것입니다.

성령의 열매 가운데 어떤 열매에서 성장하고 있나요? 성령의 열매 가운데 어떤 열매에서 성장하고 싶나요? 그 이유는 무엇인가요?

그리스도인은 순종해야 되기 때문에 순종하는 것이 아니라, 순종하고 싶기 때문에 순종합니다. 하나님의 영이 우리 안에 거하시므로 우리는 좋은 열매를 맺을 수 있습니다. 좋은 열매를 맺는다고 우리의 죄가 없어지지는 않습니다. 하지만 좋은 열매를 맺을 때 영적으로 성장하게 되고, 죄를 자각하고 자백하게 됩니다.

복음을 따라 살아간다면 항상 복음으로 인해 더 성장하고 풍성할 수 있습니다. 또한 우리의 노력이 아니라 우리 안에서 역사하시는 그리스도의 영을 통해서 우리가 변화를 경험하는 것을 인정할 수 있게 됩니다. 그러므로 그리스도인은 영광을 자신에게 돌리지 않습니다. 하나님이 받으시도록 그분께 영광을 드립니다.

알짬 교리 **99**

성화

믿음으로 의롭다 하심을 받고, 그리스도의 의를 통해 하나님과 바른 관계에 놓이게 되었다는 선포를 받은 후, 우리는 일생에 걸쳐서 성령의 역사로 말미암아 그리스도를 닮아 가는 성화의 과정을 거치게 됩니다. 이는 성령님의 역사를 통해 계속해서 그리스도를 닮아 가는 과정입니다(갈 5:16~26; 살후 2:13). 성경은 성화를(이미 성결하게 되었다는) 현재 우리의 상태로 말하기도 하고, 계속되는 과정으로 말하기도 합니다. 성화는 한 사람의 심령과 정신과 성품이 그리스도를 닮아 가도록 변화시킴으로써 전 인격에 영향을 미칩니다.

그리스도와의 연결

● students

바울은 육체의 일과 성령의 열매를 비교함으로써 예수 그리스도께 속한다는 것이 무엇인지를 갈라디아 교회에 보여 주었습니다. 그리스도와 함께 십자가에 못 박히는 것은 육체의 정욕과 탐심을 버리고 성령님을 따르는 것을 의미합니다.

> 그리스도께서 나처럼 사악하고 나약한 자를 위해 죽으셨다면, 나는 더 이상 죄 가운데 살 수 없고, 나를 구속하신 분을 사랑하고 섬기기 위해 나 자신을 북돋워 줘야 합니다. 나는 가장 친한 친구인 그분을 죽인 악을 대수롭지 않게 여길 수 없습니다. 나는 그분을 위해 거룩해야 합니다. 그분이 나를 죄에서 구원하려고 죽으셨는데, 내가 어찌 죄 가운데 살 수 있을까요?
> 찰스 스펄전 Charles H. Spurgeon

YOUR STORY

하나님이 들려주시는 이야기는 오늘을 사는 나와 늘 연결되어 있습니다. 아래 질문에 답하면서 성경 이야기가 내 이야기와 어떻게 연결되는지 생각해 봅시다.

▶ 그리스도인들이 교회의 죄보다 세상의 죄에 더 초점을 맞추는 경향이 있다는 말에 동의하나요? 동의하거나 동의하지 않는 이유는 무엇인가요?
  이 질문에 관한 답변은 다양할 것입니다.

▶ 자신의 죄보다 다른 사람의 죄를 발견하는 것이 훨씬 쉬운 이유는 무엇인가요?
  교만은 자신을 다른 사람보다 더 낫게 여기게 만듭니다. 그렇기 때문에 다른 사람의 결함과 잘못을 찾으려고 노력하는 것입니다. 또한 주의해서 기도하거나, 죄를 대적해서 싸우는 등 우리가 더 노력해야 하는 영역에서 자신을 반성하는 데 충분한 시간을 들이지 않는다는 대답이 포함될 수 있습니다.

▶ 죄를 이기기 위해 예수님이 죽으셨음에도 불구하고 그리스도인이 끊임없이 죄를 선택하는 이유는 무엇일까요?
  죄를 짓기로 선택하는 그리스도인은 예수님의 존재, 희생, 사역을 존중하지 못하고 자신의 육적인 일을 탐닉하는 것이라고 볼 수 있습니다. 예수님의 존재, 희생, 사역을 존중하지 않고 자신의 육적인 일을 탐닉하는 것에 더 관심을 가지는 것입니다.

▶ 바울이 그리스도인의 삶에서 죄와 성령님의 열매에 관해 묘사한 것 가운데 가장 인상적이었던 점은 무엇인가요?
  이 질문에 관한 답변은 다양할 것입니다.

하나님의 이야기
하나님이 그분의 아들
예수 그리스도를 통해
우리를 구속해 주신 이야기

우리의 이야기
우리의 이야기가
하나님의 이야기와
만나는 곳

YOUR MISSION

생 각

바울의 다양한 죄 목록에 언급되는 것은 모두 동일하게 심각합니다. 시기는 방탕함 못지않고, 분 냄은 우상 숭배 못지않으며, 이기심은 주술과 맞먹습니다. 바울은 어떤 죄는 다른 죄보다 더 심각하다거나 심각하지 않다는 생각을 버리게 했습니다. 죄는 그 결과가 다를지라도 모두 거룩하신 하나님 앞에서 정죄당하는 동일한 법적인 효력 아래 놓여 있습니다.

● **죄에 등급이 있다고 사람들이 이해하는 이유는 무엇일까요?**
   죄에 등급을 매기면 다른 사람의 죄를 판단하기가 쉽기 때문입니다. 우리에게는 자신을 좋게 보려는 성향이 있습니다. 따라서 자신의 죄를 낮은 등급에 놓고, 높은 등급의 죄를 지은 사람만큼 자신은 나쁘지 않다고 생각하려고 합니다.

● **바울의 죄 목록에 추가하고 싶은 죄가 있나요?**
   이 질문에 관한 답변은 다양할 것입니다.

마 음

우리가 주목해야 하는, 분명하게 드러나는 한 가지 차이점이 있습니다. 바울이 언급한 육체의 일 가운데에는 술 취함이나 분 냄과 같이 외적으로 드러나는 특성으로 인해 누가 보아도 명백한 죄가 있습니다. 반면에 내적인 죄도 있습니다. 예를 들면 원수 맺는 것, 시기, 당 짓는 것, 투기와 같은 것입니다. 우리는 외적인 죄뿐 아니라 내적인 죄도 동일하게 제거해야 합니다. 내적인 죄는 비록 즉각적으로 드러나지는 않을지라도 어떻게든 반드시 표출됩니다. 그리스도인은 내적이고 외적인 모든 육체의 일을 버려야 합니다. 성령님을 따라 행한다면, 이런 죄들을 범할 수 없습니다.

● **실제적으로 외적인 죄보다 내적인 죄가 더 위험할 수 있는 이유는 무엇인가요?**
   내적인 죄는 외적인 죄의 근본적인 원인입니다. 즉 모든 외적인 죄는 마음에서 기원합니다. 만일 외적으로 드러나는 죄를 고치려고 애쓰면서 막상 그것의 출발점이 내부에 있음을 깨닫지 못한다면, 그리스도에 의해 내적인 변화가 필요하다는 사실을 간과하기 쉽습니다.

● **우리가 내적인 죄를 경계할 수 있는 방법에는 어떤 것이 있나요?**
   이 질문에 관한 답변은 다양할 것입니다.

행 동

육체의 일을 벗어던지는 것은 그리스도 안에서 사는 새로운 삶의 일부에 불과합니다. 그러나 만일 우리의 옛사람이 더 이상 살아 있지 않고 그 대신 우리 안에 그리스도께서 살아 계심을 (갈 2:20) 입증하고 싶으면 우리는 새 사람을 입어야 합니다. 이 말은 우리가 성령님을 따라 생활하고 우리의 마음과 행동에서 그분의 열매가 분명히 드러나는 것을 가능하게 함을 의미합니다.

> 다음 모임까지 사도행전 17:1~18:18; 데살로니가전서 1~5 장을 읽어 보세요.

● **여러분의 삶 가운데 성령님을 따라 살고 있음을 입증하는 것에는 무엇이 있을까요?**
   답변에는 성령의 열매, 타인을 향한 사랑, 하나님을 향한 사랑 등이 포함될 수 있습니다.

● **이번 주에 여러분의 삶에서 나타나기를 바라며 기도하고 싶은 성령의 열매가 있나요?**
   이 질문에 관한 답변은 다양할 것입니다.

10

백전백승, 천하무적 전신 갑주

요약

10과에서는 우리가 사탄과 사탄의 악한 세력과의 영적 전쟁에서 견고하게 설 수 있도록 하기 위해서 하나님이 어떻게 우리의 연약함을 그분의 능력으로 변화시키셨는지에 대하여 배우게 될 것입니다. 하나님은 우리에게 영적 전신 갑주를 주셨습니다. 이로 인해 우리는 사탄의 공격에 견고히 서고, 어떤 저항을 만나든 복음을 전할 수 있는 능력을 얻게 되었습니다.

성경

에베소서 6장 10~20절

HIS STORY

포 인 트	우리는 적에게 맞설 때 하나님의 전신 갑주를 입으라는 명령을 받았다.
등 장 인 물	바울(그리스도를 따르는 자와 이방인의 사도가 된 전직 박해자)
메시지 좌표	우리는 각종 뉴스 보도와 방송 매체를 통해 전 세계적인 군사 갈등 소식을 끊임없이 듣습니다. 이것과 비교하면, 전 세계에서 매일같이 벌어지는 영적 전쟁에 관해서는 덜 민감한 것 같습니다. 바울은 그리스도인에게 대적이 있다는 사실을 분명히 했습니다. 따라서 우리는 복음을 전하는 소명을 감당하기 위해서 방어적이면서도 공격적인 전략을 펼쳐야 합니다.

도 입

다윗과 골리앗의 이야기를 들어 보았을 것입니다(삼상 17장). 이스라엘 사람들과 블레셋 사람들이 엘라 골짜기에 모여서 전열을 벌였습니다. 블레셋 사람들은 엄청난 위용을 과시했습니다. 그렇다면 이스라엘 사람들은 어땠을까요? 그 정도는 아니었습니다. 고대 전쟁에서는 일종의 '신사협정' 제안이 있었습니다. 각 군대의 최고 전사가 대표로 대결을 벌여서 이긴 측이 국가 전체의 승리를 거머쥐었습니다. 블레셋 측에서는 거인 골리앗을 내보냈습니다. 이에 맞서 이스라엘 측에서는 목동 다윗이 나섰는데, 그에게는 갑옷도 칼도 없었습니다. 다윗은 오로지 믿음으로 용감하게 이스라엘 민족을 대표해서 골리앗과 맞섰습니다.

이 이야기를 들으면서 사람들은 자기 자신을 다윗의 자리에 놓곤 합니다. 물론 다윗의 행동과 투지에는 우리가 배울 점이 있습니다. 주님이 우리 편에 계실 때에는 어떤 적도 두려워할 필요가 없습니다. 주일학교에서도 지금까지 이런 식으로 가르쳐 왔습니다. 그러나 다윗의 자리가 우리 자신을 볼 수 있는 가장 좋은 자리일까요? 차라리 이스라엘 사람들의 자리가 어떨까요? 겁먹고 놀라고 소극적이고 약한 그들이 적을 바라보게 되면서 자신에게는 싸우기 위해 필요한 것이 없음을 깨닫게 될 것입니다.

▶ 사람들이 영웅과 자신을 동일시하는 이유는 무엇인가요? 이런 방식으로 성경을 읽는다면 어떤 위험이 따를까요?

예수 그리스도께서는 죽음, 지옥, 공중의 권세를 잡은 자를 물리치셨습니다. 이스라엘 사람들이 골리앗을 쓰러뜨린 후에 했던 것처럼, 우리는 우리를 위해 확보된 승리를 만끽합니다. 그 승리는 우리가 얻어 낸 것도 아닐 뿐만 아니라 우리가 얻을 수 있는 것도 아니었습니다.

누구와 싸우는지를 먼저 알아야지

사탄은 인류에 대해 자세히 압니다. 오랜 시간에 걸쳐 인간을 연구해 왔으니 당연한 일입니다. 사탄은 우리의 약점과 맹점과 취약점을 압니다. 우리가 가장 고군분투하는 죄가 무엇인지, 언제 절망감과 좌절감을 가지는지, 어떤 상황에서 혼란에 빠지는지 알고 있습니다. 무엇을 갈망하고, 무엇에 마음을 빼앗기는지를 압니다. 그리고 매일같이 그가 수년간 수집해 온 정보를 활용해 우리를

도입 선택

약자의 승리 이야기가 매력적인 이유는 무엇일까요? 아무도 승리를 기대하지 않는 팀을 응원하게 만드는 것은 무엇일까요? 선을 위해 싸우는 사람이 위기에서 일어나 악을 물리치기를 바라는 이유는 무엇일까요? 여러모로 우리는 선악 간의 싸움에서 약자의 자리에 있습니다. 그런데 약자에게 종종 벌어지는 일은 무엇일까요? 그들은 뒤처진 상태에서 역전승을 거두곤 합니다.

• 약자가 우여곡절 끝에 마침내 승리하게 된 이야기를 듣고 감동받은 적이 있나요??

그리스도인은 역사상 가장 치열한 영적 전쟁을 치러야 함에도 그것을 감당하기에는 약해 보입니다. 아무도 이기리라고 기대하지 않습니다. 전망은 암울할 뿐이고, 선이 악을 이길 것이라고 아무도 믿지 않습니다. 그러나 이미 선이 악을 이겼다는 사실을 알고 있나요? 예수님은 십자가에서 죽으셨지만, 부활하셨습니다. 이로써 예수님은 우리를 위해 죄와 죽음에서 승리를 거두셨습니다. 우리는 여전히 죄를 짓지만, 죄는 우리가 허용하지 않는 한 승리할 수 없습니다. 우리는 우리를 사랑하시는 분으로 말미암아 '넉넉히' 이길 것이기 때문입니다(롬 8:37 참조). 성령님이 우리 안에 거하시고, 하나님이 주신 영적 전신 갑주가 있기에 우리는 승리할 수 있고, 또한 승리할 것입니다.

넘어뜨리기 위해 온갖 수단을 동원합니다. 그는 우리를 철저히 꺾기 위해 매 순간 일하고 있습니다.

이런 생각을 해 본 적이 있나요? 대적이 우리의 약점을 잘 알고 있다는 생각 말입니다. 대적은 우리가 믿음을 소홀히 하고 하나님의 은혜를 잊도록 온갖 수단과 방법을 동원합니다. 또한 우리를 쓰러뜨리거나 우리를 통해 다른 사람들을 실족하게 만들 기회를 놓치지 않으려 합니다. 사탄이 이 모든 일을 하는 이유는 예수님을 미워하기 때문이며, 예수님의 영광이 세상에서 가려지기를 바라기 때문입니다.

바울은 이런 이유 때문에 영적 전쟁에 관해 그처럼 강하게 말했습니다. 태연하게 있을 문제가 아닙니다. 베드로는 이렇게 경고했습니다. "근신하라 깨어라 너희 대적 마귀가 우는 사자같이 두루 다니며 삼킬 자를 찾나니"(벧전 5:8). 그 준비를 어떻게 해야 할지 바울의 말을 주의 깊게 들어 봅시다.

● students

¹⁰끝으로 너희가 주 안에서와 그 힘의 능력으로 강건하여지고 ¹¹마귀의 간계를 능히 대적하기 위하여 하나님의 전신 갑주를 입으라 ¹²우리의 씨름은 혈과 육을 상대하는 것이 아니요 통치자들과 권세들과 이 어둠의 세상 주관자들과 하늘에 있는 악의 영들을 상대함이라(엡 6:10~12)

● students

전쟁을 이기는 기본 원칙은 적군을 제대로 아는 것입니다. 누구와 싸우는지 모르거나, 적군이 어디에 있는지 모르면 승리할 수 없습니다. 적군의 특징(무엇을 할 수 있는지)과 위치(어디에 있는지)를 아는 것이 전쟁을 이기게 하는 핵심 요소입니다. 이 두 가지 사항은 매우 중요합니다. 바울의 말처럼, 우리의 대적은 마귀이지 인간이 아닙니다. 이것이 중요한 이유는 우리가 종종 다른 믿지 않는 사람을 우리의 전쟁 대상으로 간주하기 때문입니다. 그러나 바울은 우리가 '혈과 육'을 상대로 싸우는 것이 아니라고 했습니다.

적군의 위치를 알아야 한다는 사실도 잊어서는 안 됩니다. 우리의 대적은 우리를 영적인 영역에서 공격합니다. 그리스도인은 종종 마귀의 방법으로 마귀의 술수에 맞서려고 시도합니다. 예를 들어, 율법을 지키면 우리가 죄 문제를 해결할 수 있다고 생각하는 것입니다. 그러나 마귀는 그리스도인이 더 종교적이 되어도 개의치 않습니다. 우리가 실제로 예수님을 사랑하지 않는 한 말입니다. 인간의 힘만으로는 영적 전쟁을 치를 수 없습니다.

여긴 전쟁터, 굳세고 강건하게

우리가 상상하는 모습과 실제 전쟁터의 모습은 다를 수 있습니다. 마귀는 우리가 공원을 걸어가는 때나, 수업에 들어가려고 준비할 때나 언제든 우리의 주의를 예수님이 아닌 다른 곳으로 돌리려고 시도합니다. 때로는 주일에 교회에서 찬양할 때에 우리의 취약점을 건드리며 유혹하기도 합니다. 우리의 대적은 이처럼 종종 우리가 전혀 예상하지 못한 순간에 우리의 약한 곳을 공격합니다.

우리는 삶 전체를 치열한 영적 전쟁터로 보는 데 익숙해져야 합니다. 예수님이 사탄의 시험을 받기 위해 광야로 이끌려 가신 사건을 기억하나요? 예수님은 40일 동안 고독하게 금식하신 터라 굶주리고 피곤하셨습니다. 사탄의 첫 번째 유혹은 돌들로 떡덩이가 되게 하여 주린 배를 채우라는 것이었습니다. 우리도 매일 이런 유혹을 받습니다. 물론 예수님처럼 먹을 것으로 유혹받지는 않더라도, 하나님 외의 다른 것이나 다른 사람에게서 궁극적인 만족을 찾게끔 유혹받습니다.

끊임없이 밀치고 들어오는 이러한 유혹에서 우리를 보호해 줄 수 있는 것은 무엇일까요? 한번 살펴봅시다.

¹³그러므로 하나님의 전신 갑주를 취하라 이는 악한 날에 너희가 능히 대적하고 모든 일을 행한 후에 서기 위함이라 ¹⁴그런즉 서서 진리로 너희 허리 띠를 띠고 의의 호심경을 붙이고 ¹⁵평안의 복음이 준비한 것으로 신을 신고 ¹⁶모든 것 위에 믿음의 방패를 가지고 이로써 능히 악한 자의 모든 불화살을 소멸하고 ¹⁷구원의 투구와 성령의 검 곧 하나님의 말씀을 가지라(엡 6:13~17)

행위가 아니라 믿음이 우리를 마귀로부터 보호해 주는 방패인 이유는 무엇일까요?

구원은 어떤 방식으로 투구 역할을 할까요?

바울은 경건에서 멀어지게 하는 공격을 막을 수 있는 청사진을 우리에게 제시해 주었습니다. 앞으로는 영적 전쟁에 나설 때 머리부터 발끝까지 하나님의 전신 갑주를 입어야 합니다. 전신 갑주는 우리 것이 아닌 하나님 것임을 기억해야 합니다. 자세히 살펴보면, 각 부분은 하나님이 행하시거나 제공하시는 것에 대응함을 알 수 있습니다. 우리 자신의 힘이나 머리로는 아무것도 할 수 없습니다.

띠는 하나님의 진리를 아는 지식입니다. 하나님의 진리를 알고, 이 진리에 비추어 살아감으로써 우리는 대적과의 전쟁을 준비할 수 있습니다. 호심경은 그리스도의 의입니다. 대적이 마음을 공격해 올 때, 자신의 의가 아닌 그리스도의 의로 보호해야 합니다. 우리의 발은 그리스도께서 십자가 위에서 이루신 일과 그리고 부활을 통해서 하신 일에 대한 복음으로 싸여 있습니다. 방패는 우리가 하나님의 은혜를 받고 그 은혜 가운데 살 때 주시는 믿음을 나타냅니다(엡 2:8). 투구는 하나님이 우리에게 주신 선물인 구원입니다. 검은 성령님입니다. 성령님은 그분이 영감을 불어넣은 성경을 통해 역사하십니다. 이 마지막 무기가 특히 중요합니다. 예수님은 친히 유혹을 받으셨을 때 사탄의 모든 공격에 대해 성경 구절로 대응하셨습니다. 예수님이 말씀하셨듯이 하나님의 말씀은 영적인 자양분으로 우리 생명을 유지해 줄 뿐만 아니라(마 4:4), 악랄한 고발자의 거짓말을 깨부숩니다.

> 신자는 하나님 안에서 전적으로 보호받고, 하나님께 전적으로 의존하며 하나님의 전신 갑주인 복음의 강력한 공급을 필요로 합니다. 흔히 '영적 전쟁'으로 불리는 것은 우리가 믿는 바를 변증하고, 복음 메시지를 선포하는 복음 전도의 수행을 의미합니다. 그것은 또한 복음 전달자가 바울처럼 옥에 갇혔을지라도(엡 6:20), 모든 곳에 복음이 전파되도록 기도하는 것을 포함합니다.
> 이디케리아 니난 Idicheria Ninan

기도로 하나님께 접속되었습니다

students

바울은 영적 전쟁을 벌일 때 기도하라고 호소하면서 전신 갑주에 관한 검토를 마무리했습니다. 그러나 이때 우리는 매우 신중해야 합니다.

students

¹⁸모든 기도와 간구를 하되 항상 성령 안에서 기도하고 이를 위하여 깨어 구하기를 항상 힘쓰며 여러 성도를 위하여 구하라 ¹⁹또 나를 위하여 구할 것은 내게 말씀을 주사 나로 입을 열어 복음의 비밀을 담대히 알리게 하옵소서 할 것이니 ²⁰이 일을 위하여 내가 쇠사슬에 매인 사신이 된 것은 나로 이 일에 당연히 할 말을 담대히 하게 하려 하심이라(엡 6:18~20)

students

능력은 우리에게서 나오지 않습니다. 능력은 하나님으로부터 나옵니다. 성령님이 우리를 고무시키시고, 우리에게 능력을 주시며, 우리의 기도를 들어주십니다. 능력은 좌절감을 느끼거나, 사람들과 다투거나, 억울한 일이 떠오르거나, 죄에 빠져 실족하거나, 홀로 깊은 고독감으로 우울할 때 저절로 임하는 것이 아닙니다. 능력은 우리의 내부에 있는 것도 아닙니다. 우리는 이러한 사실을 잘 알고 있어야 합니다.

알짬 교리99

귀신

귀신은 천사였으나 하나님께 죄를 지음으로써 오늘날 세상에서 악한 일을 계속하는 존재입니다(욥 1:6; 슥 3:1; 눅 10:18). 성경은 귀신들의 우두머리인 사탄이 "도적질하고 죽이고 멸망시키고자" 한다고 말하는데, 귀신도 하나님을 대적하고 하나님의 일을 파괴하고자 합니다. 귀신에게도 능력이 있지만 그 능력은 하나님의 통제하에 있으므로 하나님이 허용하신 범위 안에서만 작용합니다. 종국적으로는 모든 귀신이 본래 그들을 위해 지어진 불 못에 던져질 것입니다.

기도는 마법이 아닙니다. 기도는 아무런 능력이 없는 우리의 무력감을 표현하는 것입니다. 따라서 우리가 기도할 때 성령님께 명령을 내리거나, 성령님을 불러내는 것이 아닙니다. 우리는 통제하는 자리가 아니라, 복종하는 자리에서 기도하는 것입니다. 우리는 친구와 구원자가 되기를 원하시는 하나님께 우리의 마음과 정신과 영혼을 열어 드립니다. 이 사실을 깊이 깨달을수록 그분의 능력을 더욱 깊이 경험하게 될 것입니다. 나락에 떨어진 가장 연약한 순간에조차

말입니다. 기도란 근본적으로 연약함이 무기가 되는 순간입니다.

제자들이 기도하는 방법에 대해 질문했을 때 예수님이 가르쳐 주신 주기도문에서 나라가 우리의 것이 아닌 하나님의 것이라고 인정하는 고백도 바로 이 때문입니다. 하나님이 승리하시지 않으면 우리도 승리할 수 없습니다. 그러나 하나님은 항상 승리하십니다. 따라서 우리가 그분과 함께 승리할 수 있는 유일한 길은 믿음의 기도를 드리는 것입니다.

예수님 없이는 아무것도 이룰 수 없습니다. 그러나 우리는 그리스도 안에서 넉넉히 이기는 자들입니다. 그리스도 안에 있다는 것은 그리스도를 통해 대적을 물리치고, 영적인 공격을 견딜힘을 얻으며 기도를 통해 주님의 강력한 임하심 앞에 직접 나아갈 수 있다는 뜻입니다. 복음의 축복 덕분에 한때 연약했던 우리가 이제 영원히 강해졌습니다.

알짬 교리 **99**

천사

성경은 하나님이 인간과 동물뿐 아니라 다른 피조물들도 창조하셨다고 말합니다. 그중에는 '하나님의 아들들', '영들', '통치자들', '권세들', '거룩한 자들'로 불리는 천사도 있습니다. '천사'로 번역된 헬라어 단어는 원래 '메시지를 전달하는 사자'를 뜻합니다. 하나님의 말씀을 전하는 것이 그들의 존재 이유임을 알 수 있습니다. 성경 전반에 걸쳐서, 천사들은 여러 가지 역할을 수행합니다. 하나님께 영광을 돌리거나, 하나님의 계획과 목적에 따라 임무를 수행하며, 보이지 않는 세계가 실제로 있음을 인간에게 일깨워 주기도 합니다.

그리스도와의 연결

students

바울은 그리스도인들에게 이 세상의 통치자들과 권세들과 영적 전쟁을 치를 준비를 하라고 명령했습니다. 예수님이 죽으시고 악에게 승리하셔서 부활하셨기 때문에 우리는 그분의 발자취를 따릅니다. 따라서 우리는 승리를 위해 싸우는 것이 아니라 승리한 위치에서 싸우는 것입니다.

YOUR STORY

하나님이 들려주시는 이야기는 오늘을 사는 나와 늘 연결되어 있습니다. 아래 질문에 답하면서 성경 이야기가 내 이야기와 어떻게 연결되는지 생각해 봅시다.

▶ 우리가 진짜 대적인 사탄에 맞서는 대신에 다른 사람들과 다투게끔 유혹받는 이유는 무엇일까요?

단순히 진짜 대적이 어떤 존재인지를 깨닫지 못하기 때문이거나, 자신의 눈으로 볼 수 있고 자신의 힘으로 싸울 수 있다고 생각되는 존재를 적으로 간주하는 것이 더 쉽게 느껴지기 때문일 수 있습니다.

▶ 전신 갑주를 벗어 버리고 싶은 유혹을 받을 때는 언제일까요? 그 이유는 무엇이라고 생각하나요?

잘살고 있는 것 같을 때나 더 이상 나빠질 것이 없는 최악일 때 그런 유혹을 받는다는 등의 대답을 할 수 있습니다.

▶ 대적의 공격을 이겨 내도록 주님이 어떤 방법으로 힘을 주셨나요?

이 질문에 관한 답변은 다양할 것입니다.

▶ 전신 갑주를 주신 분은 하나님이시고, 하나님만이 그것을 주실 수 있는 분이라는 사실을 기억하는 것이 왜 중요할까요? 자신의 업적이나 능력으로 싸우려 하면 어떤 일이 벌어질까요?

자신의 힘이나 재능으로 스스로를 보호하려고 한다면 실패할 것입니다. 우리의 일은 우리에게 주어진 승리를 얻는 것입니다. 자기 자신을 위해서 승리를 쟁취하려고 노력하는 것이 아닙니다.

하나님의 이야기
하나님이 그분의 아들
예수 그리스도를 통해
우리를 구속해 주신 이야기

우리의 이야기
우리의 이야기가
하나님의 이야기와
만나는 곳

YOUR MISSION

생 각

영적 전쟁을 치르려면 자신을 보호하고 대적을 무찌를 영적 무기가 필요합니다. 이것이 우리가 영적 전신 갑주를 계속 입고 있어야 하는 이유입니다. 전쟁 중에는 절대로 전신 갑주를 벗지 않아야 하고, 평화로울 때에만 벗을 수 있습니다. 우리가 자동차 안전벨트를 매는 것은, 맞은편에서 음주 과속 트럭이 정면으로 달려오는 것을 볼 때가 아니라 주차장을 떠나기 전입니다. 이처럼, 대적이 나타난 후에야 허겁지겁 갑주를 입기 시작해서는 안 됩니다. 우리는 언제 공격당할지는 모르지만, 공격이 있으리라는 사실은 분명히 압니다.

- **전쟁터에 있다는 긴장감을 품고 살아가나요? 그렇거나 그렇지 않은 이유는 무엇인가요?**
  이 질문에 관한 답변은 다양할 것입니다.

- **전신 갑주를 입어야 한다는 사실을 떠오르게 해 주는 습관에는 어떤 것이 있을까요?**
  하나님의 전신 갑주를 이루는 하나하나를 기억하기, 기도 생활을 열심히 하기, 영적 훈련을 받기 등이 포함될 수 있습니다.

마 음

바울은 본문에서 로마 군인의 이미지를 사용하여 이야기를 들려주었습니다. 당시 독자들에게 꽤 익숙한 모습이었을 것입니다. 로마 군인의 방패는 전신을 보호할 수 있을 만한 크기였습니다. 하나님에 대한 믿음도 우리를 보호해 줍니다. 이길 수 없을 것 같은 전쟁에서조차 믿음이 우리를 보호해 줍니다.

- **우리를 보호해 주는 것이 '행위'가 아니라 '믿음'이라는 사실을 기억하는 것이 중요한 이유는 무엇인가요?**
  우리가 죄인이라는 단순한 사실 때문에 선행은 절대 우리를 보호해 줄 수 없습니다. 우리를 보호해 주는 것은 그리스도에 대한 믿음을 통해 하나님의 은혜로부터 직접 나옵니다.

- **하나님의 전신 갑주 가운데 돋보이는 무기는 무엇이며, 그 이유는 무엇인가요?**
  이 질문에 관한 답변은 다양할 것입니다.

행 동

기도로 싸울 때에는 하나님이 우리가 승리하기를 원하신다는 사실을 기억해야 합니다. 바울의 바랐던 것처럼, 우리는 복음을 전하는 방식에서 승리해야 합니다. 복음을 보호하는 것이 아니라 널리 퍼지게 하는 것이 우리의 임무입니다. 이 사실을 중심으로 기도해야 합니다. 우리는 대적의 공격에 견고히 서도록 보호받고 있습니다. 하나님의 전신 갑주가 대적의 모든 공격을 막아 주는 동안 우리는 주위 사람들에게 복음을 전할 수 있습니다.

- **바울은 '담대히'라는 말을 두 번 언급했습니다. 복음을 전할 때 담대해야 하는 이유는 무엇일까요?**
  이 질문에 관한 답변은 다양할 것입니다.

- **오늘 내 기도 생활은 어떠했나요? 앞으로 더욱 기도하기 위해서는 어떻게 해야 할까요?**
  하루 중에 특정한 시간을 정해서 기도하기로 계획하거나 다른 사람들에게 같이 기도하자고 제안하거나, 기도 제목을 구체적으로 선택하는 등의 습관을 들일 수 있습니다.

다음 모임까지
데살로니가후서 1~3장;
사도행전 18:19~19:41
을 읽어 보세요.

11

아낌없이
준다는 것은

요약

11과에서는 하나님의 은혜가 우리에게 깊숙이 역사하여 다른 사람들에게 유익을 끼치게 하는 것에 대해 살펴봅니다. 하나님은 확실히 우리에게 은혜를 주셨고 유익하게 하셨습니다. 그러나 그 은혜를 우리끼리만 가지고 있어서는 안 됩니다. 만약에 그런다면, 그것은 은혜를 오해했거나 은혜를 미처 경험하지 못한 탓일 것입니다. 하나님의 은혜로운 선물을 탐욕으로 붙들 것이 아니라 관대한 마음으로 넉넉하게 풀어야 합니다.

성 경

고린도후서 8장 1~15절; 9장 6~15절

HIS STORY

포 인 트	하나님이 우리에게 필요한 만큼 주시므로 우리는 가난한 사람에게 우리가 가진 것을 나눌 수 있다.
등 장 인 물	바울(그리스도를 따르는 자와 이방인의 사도가 된 전직 박해자)
메시지 좌표	사람들은 대부분 관대함을 좋아합니다. 엄청난 허리케인 때문에 집들이 무너져 이재민이 속출할 때, 어려움에 처한 사람들에게 관대하게 베푸는 것을 좋게 여깁니다. 그러나 관대함에 대한 기독교의 이해는 세상 문화보다 훨씬 더 깊이 들어갑니다. 그리스도인의 관대함은 죄인인 우리에게 제시된 복음에서 비롯됩니다.

도 입

복음은 그것을 받아들이는 사람의 마음을 완전히 사로잡습니다. 복음이 내면에서 역사하고 변화시키니 마음의 소원이 달라지기 시작합니다. 이로써 우리 안에 계시는 성령님의 감미로운 영향력 아래 그리스도의 형상을 닮아 갑니다. 이것은 우리가 자신의 주권을 오롯이 지키려고 애쓰는 영역에서조차 예수님이 주권을 행사하기 원하신다는 것을 의미합니다. 예수님이 세리장 삭개오와 만나신 일을 떠올려 보세요(눅 19:1~10). 인색한 마음과 두둑한 지갑을 가진 그가 예수님을 보기 위해 나무에 올라갔고, 거기서 그분을 개인적으로 직접 만났습니다. 예수님의 은혜로 인한 변화는 그의 우상 숭배에까지 영향을 미쳤습니다. 그리스도의 부유함에서 엄청난 보화를 발견했기 때문에, 세상적 소유에 대해서는 손을 놓을 준비가 되었습니다. 그는 재산의 반을 가난한 사람에게 나누어 주고, 자신이 빼앗은 것에 대해서는 네 배로 갚겠다고 선언했습니다.

보석에는 관심이 없다 해도 마음속에 우상이 있기 마련입니다. 사물, 사람, 사상, 야망, 꿈의 유혹에 넘어갑니다. 그것으로 우리의 가치가 매겨지고 성취감을 얻는다고 생각하기 때문입니다. 우리가 기꺼이 그리스도의 주권 아래 모든 것을 내려놓기 전까지, 예수님이 우상을 제거해 주시기 전까지, 우리는 주님께 전적으로 항복하지 않을 것이며 또한 다른 사람을 온전히 섬기지도 못할 것입니다.

▶ 예수님보다 더 소중히 여기는 보물은 무엇인가요?

예수님이 가난해지신 이유는 뭘까

"나는 모든 사람이 부유해지고 유명해지고 꿈을 이루어 봐야 한다고 생각합니다. 그것이 해답이 아닌 것을 깨닫기 위해서 말입니다." 영화배우 짐 캐리의 이 말이 한때 소셜 미디어에서 자주 공유되며 인기를 끌었습니다. 우리의 진정한 보물이 무엇인지를 생각해 보게 해 주는 말입니다. 사람은 조금 더 많이 갖기를 원합니다. 그러면 더 행복해질 것이라고 생각합니다. 문제는 설사 더 많이 갖는다고 해서 '조금 더' 갖고 싶은 욕망이 사라지지 않는다는 것입니다. 다음 단계에 도달하기만 하면 마침내 행복과 여유를 누릴 것이라고 생각하지만, 이 과정을 반복하면서 만족감과 관대함을 빼앗기고 맙니다.

도입 선택

칠판이나 종이의 중앙에 '나눔'이라는 단어를 쓰고 그 주위에 동그라미들을 그립니다. 학생들에게 사람들이 공유하는 물건을 생각해 보라고 한 후, 답변으로 나온 것을 동그라미 안에 적어 보세요. 그리고 다음과 같이 질문합니다.

- *다른 사람과 공유하고 싶지 않은 물건은 무엇인가요?*
- *다른 사람과 공유하는 것이 쉬운 물건은 무엇인가요?*
- *이러한 차이가 생기는 이유는 무엇일까요?*

하나님은 서로 공유하도록 하십니다. 하나님이 예수님의 삶과 죽음을 통해 우리에게 실로 엄청난 선물을 주셨기에, 우리는 이 선물을 공유할 뿐만 아니라 우리의 것을 필요로 하는 사람에게 주어야 합니다. 학생들에게 이번 한 주를 보내면서 누군가에게 필요한 것을 볼 때 자신의 것을 나누어 주도록 격려해 주세요. 그것이 단순히 연필을 빌려주는 사소한 일일지라도 말입니다.

아마도 바울이 고린도 교회에 편지를 썼을 때, 인간의 이러한 성향을 염두에 두고 있었는지도 모릅니다. 바울은 연보 자체보다 고린도 신자들의 마음 상태를 더 염려했습니다. 그는 그들이 탐욕과 불만의 덫에 걸리지 않기를 원했습니다. 바울이 관대함을 어떻게 다루기 시작하는지를 살펴봅시다.

[students]

¹형제들아 하나님께서 마게도냐 교회들에게 주신 은혜를 우리가 너희에게 알리노니 ²환난의 많은 시련 가운데서 그들의 넘치는 기쁨과 극심한 가난이 그들의 풍성한 연보를 넘치도록 하게 하였느니라 ³내가 증언하노니 그들이 힘대로 할 뿐 아니라 힘에 지나도록 자원하여 ⁴이 은혜와 성도 섬기는 일에 참여함에 대하여 우리에게 간절히 구하니 ⁵우리가 바라던 것뿐 아니라 그들이 먼저 자신을 주께 드리고 또 하나님의 뜻을 따라 우리에게 주었도다 ⁶그러므로 우리가 디도를 권하여 그가 이미 너희 가운데서 시작하였은즉 이 은혜를 그대로 성취하게 하라 하였노라 ⁷오직 너희는 믿음과 말과 지식과 모든 간절함과 우리를 사랑하는 이 모든 일에 풍성한 것같이 이 은혜에도 풍성하게 할지니라 ⁸내가 명령으로 하는 말이 아니요 오직 다른 이들의 간절함을 가지고 너희의 사랑의 진실함을 증명하고자 함이로라 ⁹우리 주 예수 그리스도의 은혜를 너희가 알거니와 부요하신 이로서 너희를 위하여 가난하게 되심은 그의 가난함으로 말미암아 너희를 부요하게 하려 하심이라 (고후 8:1~9)

[students]

바울과 마게도냐 교회들에게는 탐욕과 불만을 던져 버리고, 예수님을 희생 제물로 내어 주신 관대함을 통해 하나님의 사랑을 전하는 것이 너무나도 당연했습니다. 예수님이 우리를 위해 행하신 일을 알기 때문입니다. 부요하신 예수님이 우리를 부요하게 하려고 가난하게 되셨습니다 (고후 8:9). 돈 이야기가 아닙니다. 돈은 가난과 부를 나누기에는 너무나도 하찮습니다. 바울은 예수님의 풍성하신 영광을 염두에 두고 말했습니다. 하나님의 아들이 아버지와 함께했던 존귀와 영광의 자리(자신의 부)를 떠나 육신을 입으시고 자기가 창조하셨던 죄인들과 함께 이 땅에 거하실 때 가난하게 되셨습니다. 그분의 가난을 통해 우리의 영적 가난을 구원의 부요함으로 바꿀 수 있었습니다.

이런 엄청난 은혜를 받은 우리가 어떻게 뒤돌아서서 다른 사람들에게 인색할 수 있을까요? 그럴 수 없습니다! 하나님의 은혜에 대한 경험과 이해는 우리를 사랑으로 이끌 것입니다. 이것이 바로 관대함이 사랑의 진정성을 입증해 줄 것이라고 말했던 이유입니다. 은혜는 하나님이 사랑하시는 사람들을 사랑하도록 우리를 부추깁니다. 은혜에서 사랑으로, 사랑에서 관대함으로 나아갑니다. 하나님 때문에 우리는 다른 사람들 앞에서 관대하게 심지어 희생적으로까지 살려고 합니다.

관대함이란 '복음으로 충만하고, 다른 사람에게 베푸는 것을 특권으로 여길 정도로 복음 안에서 만족하는 것'을 의미합니다. 관대함은 얼마나 베푸는지가 아니라, 얼마나 기뻐하는지로 측정됩니다. 바울은 고린도 성도들이 이런 기쁨을 알기를 원했습니다. 우리도 마찬가지로 이 기쁨을 경험해야 합니다.

students 관대함으로 사랑의 진정성을 알 수 있다는 점에서, 나의 관대함은 다른 사람들을 향한 사랑을 어떻게 보여 주나요? 그것으로 알 수 있는 내 마음 상태는 어떤가요?

앞으로 더욱 관대함을 베풀기 위해서 무엇을 할 수 있을까요?

하나님이 주신 선물을 나누어 줄게요

students 하나님은 우리끼리 탐욕스럽게 쥐고 있으라고 풍성한 은혜를 주시는 것이 아닙니다. 우리를 구원하신 은혜가 복음 증거에도 똑같이 영향을 끼칩니다. 바울이 사명 완수에 관해 쓴 이유가 바로 이것입니다.

students [10]이 일에 관하여 나의 뜻을 알리노니 이 일은 너희에게 유익함이라 너희가 일 년 전에 행하기를 먼저 시작할 뿐 아니라 원하기도 하였은즉 [11]이제는 하던 일을 성취할지니 마음에 원하던 것과 같이 완성하되 있는 대로 하라 [12]할 마음만 있으면 있는 대로 받으실 터이요 없는 것은 받지 아니하시리라 [13]이는 다른 사람들은 평안하게 하고 너희는 곤고하게 하려는 것이 아니요 균등하게 하려 함이니 [14]이제 너희의 넉넉한 것으로 그들의 부족한 것을 보충함은 후에 그들의 넉넉한 것으로 너희의 부족한 것을 보충하여 균등하게 하려 함이라 [15]기록된 것같이 많이 거둔 자도 남지 아니하였고 적게 거둔 자도 모자라지 아니하였느니라 (고후 8:10~15)

바울은 '균등'이란 단어를 특이한 방식으로 사용했습니다. 그는 모든 사람이 똑같은 금액을 소유해야 한다거나 그럴 수 있다고 말한 것이 아닙니다. 성경이 항상 부를 나쁘게, 가난을 좋게 언급하지 않았습니다. 그리스도인이 가난한 사람들을 돌보는 것은 불의한 세상에서 그리스도를 증언하는 교회의 전형적인 특징입니다. 그런데 바울이 말한 균등은 인간의 고유한 존엄성뿐 아니라 하나님과 분리됨으로써 겪는 보편적이며 본질적인 영적 가난과 관련된 모든 것이었습니다.

넘치게 가진 사람이 부족하게 가진 사람에게 나누어 주어 누구든 누릴 수 있게 해 주어야 하는 이유는 무엇일까요? 모든 사람은 하나님의 형상으로 지어졌고 복음이 필요해서 오직 거룩하신 하나님 앞에서 똑같이 서 있기 때문입니다. 영적인 맥락에서 보면, 바울은 돈과 물질의 베풂에도 복음 메시지가 담기게끔 한 것입니다. 우리는 인격체로서 균등함을 나누는 방식으로 재정적으로나 물질적으로 다른 사람들을 일으켜 세울 수 있습니다. 결국 우리는 교회 안에서 그리스도의 형제자매들과 동등한 지위를 가지게 됩니다. 이런 식으로 생각하면, 우리는 '생계를 유지하지 못하는 사람'들이나 우리만큼 노력하지 않은 사람들을 훨씬 덜 걱정할 수 있습니다. 아무도 해하지 못하는 천국에 상급이 주어졌다는 사실을 깨달으면, 일하여 얻는 것이나 성취에 관한 모든 개념이 쓸모없어집니다.

이것이 바로 하나님이 우리에게 흘러넘치도록 주시는 이유입니다. 하나님은 그분의 백성에게 공급하기를 기뻐하시며 더 많이, 더 엄청나게 주십니다. 이렇게 필요 이상으로 많이 주시는 이유는 다른 사람들과 나눌 수 있게 하시기 위해서입니다. 즉 우리가 그분의 마음을 알아 기꺼이 베풀 수 있게 하시려는 것입니다. 하나님은 베풂의 즐거움을 아시기에 우리도 그 즐거움을 경험하기 원하십니다. 그렇기 때문에 사랑으로 베풀 때 필요한 또 다른 마음 자세는 바로 열정입니다. 우리는 기쁜 마음으로 주시는 하나님의 마음에 동참하여, 다른 사람들의 유익을 위해 기꺼이 그들을 도와야 합니다.

하나님 뜻대로 기쁘게 나눌게요

두 어린아이가 장난감 때문에 다투는 모습을 상상해 보세요. 한 아이가 장난감을 독차지하려고 하자, 어른이 다가와 꾸짖고 장난감을 양보하게 합니다. 장난감을 받은 아이는 충분히 기쁘게 놀 수 있지만, 장난감을 나눠 준 아이는 속으로 투덜댑니다. 이 상황에서 장난감을 나눠 준 아이가 얼마나 관대했다고 말할 수 있을까요?

성경은 "사람은 외모를 보거니와 나 여호와는 중심을 보느니라"(삼상 16:7)라고 말합니다. 과부가 적은 돈을 바치고도 칭찬을 받았던 이유는 그녀의 헌금이 인상적이어서가 아니라 참으로 관대하게 희생적으로 기쁘게 바쳤기 때문입니다(눅 21:1~4). 그와 반대로, 큰돈을 바칠지라도 조건부로 드리는 사람은 많이 바쳤다고 할 수 없습니다.

되돌려 받으려고 베푸는 것이나 마지못해 불평하며 주는 것은 관대함과는 거리가 멉니다. 바울은 다음 글에서 이 점을 다룹니다.

[6]이것이 곧 적게 심는 자는 적게 거두고 많이 심는 자는 많이 거둔다 하는 말이로다 [7]각각 그 마음에 정한 대로 할 것이요 인색함으로나 억지로 하지 말지니 하나님은 즐겨 내는 자를 사랑하시느니라 [8]하나님이 능히 모든 은혜를 너희에게 넘치게 하시나니 이는 너희로 모든 일에 항상 모든 것이 넉넉하여 모든 착한 일을 넘치게 하게 하려 하심이라 [9]기록된 바 그가 흩어 가난한 자들에게 주었으니 그의 의가 영원토록 있느니라 함과 같으니라 [10]심는 자에게 씨와 먹을 양식을 주시는 이가 너희 심을 것을 주사 풍성하게 하시고 너희 의의 열매를 더하게 하시리니 [11]너희가 모든 일에 넉넉하여 너그럽게 연보를 함은 그들이 우리로 말미암아 하나님께 감사하게 하는 것이라 [12]이 봉사의 직무가 성도들의 부족한 것을 보충할 뿐 아니라 사람들이 하나님께 드리는 많은 감사로 말미암아 넘쳤느니라 [13]이 직무로 증거를 삼아 너희가 그리스도의 복음을 진실히 믿고 복종하는 것과 그들과 모든 사람을 섬기는 너희의 후한 연보로 말미암아 하나님께 영광을 돌리고 [14]또 그들이 너희를 위하여 간구하며 하나님이 너희에게 주신 지극한 은혜로 말미암아 너희를 사모하느니라 [15]말할 수 없는 그의 은사로 말미암아 하나님께 감사하노라 (고후 9:6~15)

바울이 '하나님께 감사하노라'라는 찬양으로 마무리한 것에 주목하세요. 왜 그랬을까요? 왜냐하면 진정한 관대함은 본질적으로 예배 행위이기 때문입니다. 인색함으로나 억지로 하지 말라는 것은 베풀지 말라는 뜻이 아닙니다. 우리 마음자리가 바른 곳에 있어야 한다는 의미입니다. 우리는 기꺼이 우리의 시간과 재능과 보물을 나누어 주어야 합니다. 예수 그리스도 안에서 누리는 평안이 더욱 중요하다는 것을 드러내면서 말입니다. 마지못해 베푸는 것은 우리가 돈과 세상 것을 그리스도와 비교하여 비슷하거나 오히려 더 가치 있다고 여기는 셈입니다.

알짬 교리 **99**

속죄 - 도덕적 감화설

도덕적 감화설에 따르면, 그리스도의 희생 제사는 하나님과 화목하기 위해 우리가 따라야 할 도덕적 모범을 미리 보이신 것입니다. 이 이론은 죄인을 향한 하나님의 공의로운 진노에 대한 올바른 이해를 주지 못합니다. 하나님의 공의로운 심판을 사람의 도덕적 개선으로는 갚을 수 없습니다. 아울러 단순한 도덕적 개선을 위해 감화를 준다는 것은 그리스도께서 십자가 고난 가운데 죽으신 이유를 설명하지 못하는 한계를 지니고 있습니다.

그리스도와의 연결

관대함의 모범과 동기는 예수 그리스도 안에 있습니다. 하나님이 우리에게 그분의 아들을 내어 주심으로써 자비와 관대함을 베푸셨으므로 우리에게도 다른 사람들에게 자비와 관대함을 베풀 능력이 있습니다.

5~10분

하나님이 들려주시는 이야기는 오늘을 사는 나와 늘 연결되어 있습니다. 아래 질문에 답하면서 성경 이야기가 내 이야기와 어떻게 연결되는지 생각해 봅시다.

▶ **물질적으로 가난한 사람들도 다른 사람들에게 은혜롭게 베풀 수 있습니다. 어떻게 그 럴 수 있을까요?**
돈 말고 다른 것으로도 베풀 수 있다는 것을 기억해야 합니다. 예를 들면, 다른 사람들에 게 우리 시간이나 재능을 나누어 줄 수 있습니다.

▶ **누군가에게 희생적인 관대함을 받아 본 적이 있나요? 그 일이 자신에게 어떤 영향을 끼 쳤나요?**
이 질문에 관한 답변은 다양할 것입니다.

▶ **어떻게 하면 다른 사람들에게 더 관대해질 수 있을까요?**
이 질문에 관한 답변은 다양할 것입니다.

▶ **가진 것에 감사하는 마음과 관대하게 베푸는 정도 사이에는 어떤 연관성이 있을까요?**
성경은 이 점에서 분명합니다. 하나님께 감사하면 할수록 다른 사람들에게 더욱 관대하 게 살 수 있습니다.

하나님의 이야기
하나님이 그분의 아들
예수 그리스도를 통해
우리를 구속해 주신 이야기

우리의 이야기
우리의 이야기가
하나님의 이야기와
만나는 곳

11 아낌없이 준다는 것은

YOUR MISSION

 생 각

그리스도인은 세상이 줄 수 있는 어떤 것보다 훨씬 나은 것을 가지고 있기 때문에, 모든 소유를 잃거나 빼앗겨도 감사하게 받아들일 수 있습니다(히 10:34). 이것이 바로 바울이 고린도후서 8장에서 말한 그것입니다. 그는 사람들이 일단 그리스도라는 보물을 발견하면, 세상의 모든 보화가 볼품없어 보일 것이라는 사실을 알았습니다. 그렇다고 돈이나 물질적인 소유가 하찮다는 것은 아닙니다. 단지 그것들이 가장 중요한 것은 아니라는 뜻입니다.

- **관대함으로 은혜를 그대로 성취하게 하라는(고후 8:6) 말은 무슨 뜻일까요?**
  바울은 단순히 은혜를 받는 것으로 성취되는 것이 아니라, 은혜를 받아 다른 사람들에게 아낌없이 베풂으로써 성취한다는 뜻으로 말한 것입니다.

- **관대함이 우리의 사랑을 입증하는 좋은 수단인 이유는 무엇인가요?**
  나눔의 수준은 감사하고 사랑하는 수준 사이에 직접적인 상관관계가 있기 때문입니다.

 마 음

솔로몬은 하나님이 사람들에게는 영원을 사모하는 마음을 주셨다고 말합니다(전 3:11). 이것이 바로 우리가 많이 들어 본 '하나님만이 채우실 수 있는 구멍'(God-shaped hole)입니다. 우리는 하나님의 형상으로 지어졌기에 지금 사는 인생보다 더 나은 것을 위해 지어졌습니다. 영원을 위해 창조된 것입니다. 하나님을 경험할 때에야 돈과 소유물의 실체를 깨닫습니다. 그것들은 기쁨의 원천이 아니라 하나님이 주신 것들로 후히 베풀며 살 때 누리는 기쁨을 위한 수단일 뿐입니다. 기쁨은 움켜쥠이 아닌 나눔에서 찾을 수 있습니다.

- **어떻게 하면 개인적으로나 교회 차원으로나 나눔을 예배로 여기게 할 수 있을까요?**
  이 질문에 관한 답변은 다양할 것입니다.

- **어떤 물질적인 소유가 우리 마음속에 우상이 될 수 있을까요?**
  이 질문에 관한 답변은 다양할 것입니다.

 행 동

복음을 경험해 보지 못한 사람들은 희생적인 나눔을 쉽게 이해하지 못합니다. 세상 논리는 자기 자신을 먼저 챙기고 나서 남는 것이 있을 때 베푸는 것이기 때문입니다. 이런 식의 관대함은 한 사람이 쓰고 남은 것이 있을 때만 가능합니다. 저축하고, 은퇴 후를 위해 투자하고, 자동차 할부금을 내고, 휴가비를 모으는 등 온갖 지출을 다한 후에야 나눌 수 있습니다. 기쁜 마음으로 희생적인 나눔을 실천하는 것은 고사하고, 희생적인 나눔조차 낯선 개념입니다. 기쁘게 희생적으로 베풀 때, 우리는 주변 사람들에게 복음을 힘 있게 전할 기회를 얻게 됩니다.

- **금전적으로 베풀면 금전적으로 돌려받으려고 하나요(고후 9:6)?**
  이 질문에 관한 답변은 다양할 것입니다.

- **필요할 때 언제든지 얻을 수 있다는 약속은 우리가 다른 사람들에게 베푸는 수준에 어떤 영향을 끼칠까요?**
  하나님은 우리의 모든 필요를 채워 주겠다고 약속하십니다. 그러나 원하는 모든 것을 주시겠다는 것은 아닙니다. 우리는 자신에게 필요한 것과 자기가 바라는 것을 종종 혼동하기 때문에 이 점을 주의해야 합니다.

> 다음 모임까지
> **고린도전서 1~8장을**
> 읽어 보세요.

12

믿음은
믿음에서 흐른다

요약

12과에서는 히브리서 저자가 믿음을 어떻게 정의하고, 구약 곳곳에서 믿음을 보인 남녀 증인들을 어떻게 추적했는지를 살펴볼 것입니다. 히브리서 저자는 신실했던 이들의 목록을 통해 우리를 격려해 줍니다. 그러나 우리가 궁극적으로 본받아야 할 믿음은 그들의 믿음이 아닙니다. 무엇보다도 예수 그리스도께 속한 변함없는 믿음을 본받아야 합니다.

성경

히브리서 11장 1~13절; 12장 1~2절

HIS STORY

포 인 트	예수님은 우리 믿음의 시작이시자 완성자이시다.
등 장 인 물	히브리서 저자(미상, 바울인지 누가인지 아볼로인지 브리스길라인지 바나바인지 알려지지 않았음)
메시지 좌표	믿음은 교회나 그리스도인의 삶에서만이 아니라 대중문화에서도 인기 있는 말입니다. 수많은 영화와 노래와 쇼가 믿음이 무엇인가에 관해 말하고, 때로는 그 의미를 재정의해 주기도 합니다. 신약 5권의 마지막 과에서는 히브리서를 공부하는데, 신약 전체에서 특히 믿음을 설명하고 있는 가장 유명한 장 가운데 하나를 살펴볼 것입니다.

도 입

"만일 하나님이 내게 진노하지 않으셨다고 믿을 수만 있다면, 나는 기쁨으로 물구나무를 설 것입니다." 마르틴 루터는 영적 고뇌의 무수한 씨름 중에 이렇게 말한 적이 있습니다. 그는 종종 하나님 앞에 서는 것을 두려워했습니다. 하나님의 심판 앞에서 두려움과 죄책감으로 떨었습니다. 세상을 발칵 뒤집어 놓게 될 '이신칭의' 개념을 아직 성경에서 발견하지 못했기 때문입니다.

이처럼 급진적인 생각이 사실일 수 있을까요? 실제로 단지 '믿음'으로 하나님의 진노에서 완전히 구원받을 수 있을까요? 루터는 성경을 통해 이 질문에 대한 대답이 '그렇다'라는 대담한 결론에 도달했습니다. 하나님의 말씀을 자유롭게 만끽할 수 있었던 그는 복음을 재발견했습니다. 그리고 그동안 복음을 모호하고 복잡하게 만들었던 자기 의에 기초한 성경 외의 교회 전통에서 복음을 구하는 데 일조했습니다. 그는 곳곳에서 '오직 믿음'이란 교리를 발견했고, 이것은 그의 영혼에 산소와도 같았습니다.

루터는 오직 믿음을 통해 의롭게 된다(라틴어로는 'sola fide')라는 개념을 '교회의 운명을 좌우하는 신조'라고 말했습니다. 오늘날 이 신조는 개신교를 특징짓는 교리가 되었습니다. 그리스도인 개인의 삶도 이 신조에 달려 있습니다. 즉 무엇이 믿음이고, 무엇이 믿음이 아닌지를 제대로 아는가 하는 문제입니다.

▶ 오직 믿음으로 의롭게 된다는 개념으로 인해 용기를 얻나요? 염려가 되는 것이 있다면 무엇인가요?

그건 바로 믿음이야, 그런데 믿음이 뭐지

믿음이 우리 삶에 어떻게 작동하는지를 살펴보기 전에 먼저 믿음을 정의해야 합니다. 믿음이 무엇인지도 모르는데 믿음을 연구한다는 것은 무의할 테니까 말입니다.

믿음을 어떻게 정의하나요?

그렇다면 믿음이란 무엇일까요? 어떤 사람들은 믿음을 '신념'이라고 합니다. 다른 사람들은 '신뢰'라고 말합니다. 두 표현 모두 옳기는 하지만, 믿음의 정의라기보다는 동의어일 뿐입니다. 믿음에 관한 가장 좋은 정의는 바로 성경에서 찾아볼 수 있을 것입니다.

[1]믿음은 바라는 것들의 실상이요 보이지 않는 것들의 증거니 [2]선진들이 이로써 증거를 얻었느니라 (히 11:1~2)

히브리서 저자에게 믿음은 지금 보이지 않는 것들이 존재한다는 사실에 대한 '실상'이자 '증거'입니다. 그래서 바울이 구약의 조상들이 보지 못하고도 약속을 믿음으로써 의롭게 되었다고 말한 것입니다 (롬 4장). 구약의 성도들은 구원자를 (아직) 보지 못했지만, 언젠가는 하나님이 보내 주시리라는 약속을 믿었습니다. 그리고 예수 그리스도를 통해 그 약속을 지키셨습니다.

그렇다면 우리는 어떤가요? 우리가 고대하던 그리스도께서 이미 오셨는데, 믿음이 아직도 필요한가요? 의심할 여지없이 필요합니다! 우리는 단지 그리스도가 누구이시며 무슨 일을 하셨는지에 관해 믿는 것뿐만 아니라 그분이 약속하신 것을 믿습니다. 우리는 이미 구원받았으나 아직 완성되지는 않았습니다. 죄의 심판에서 구원받기는 했지만, 그리스도께서 피조 세계를 마침내 구속하실 때 그리고 우리가 마침내 죄를 완전히 벗어 던지게 될 때 완성될 구원을 간절히 기다립니다.

믿음에는 대상이 필요합니다. 물론, 사람들이 믿는 대상이 늘 하나님이신 것은 아닙니다. 사람들은 자신의 가족이나 직업이나 재능이나 종교, 또는 바로 자기 자신에 관해 믿음을 갖습니다. 하나님을 믿든 안 믿든 상관없이 사람들은 항상 무엇인가를 믿습니다. .

그뿐만이 아니라 우리가 만일 하나님의 은혜를 하찮은 종교적 노력으로 얻으려고 했다면, 이 '거래'는 성사되지 않았을 것입니다. 복음은 우리의 모든 필요가 주님의 의로 채워졌다고 선언합니다. 완전히 채워진 것입니다.

아무리 하고 싶어도 행위로는 의를 얻을 수 없다는 사실이 나에게 어떤 영향을 미치나요?

믿음의 증인들이 비결을 알려 주잖아

우리를 의롭게 하는 것은 행위가 아닌 오직 그리스도에 대한 믿음입니다. 그러나 이 말은 아무 일도 하지 말라는 뜻이 아닙니다. 이미 살펴본 대로 우리는 오직 믿음만이 의롭게 한다는 사실을 압니다. 그러나 믿음의 정당화는 절대로 하나만으로는 안 된다는 것도 압니다. 행위가 없는 믿음은 참된 믿음이 아닙니다.

그리스도인의 삶에서 행위의 역할은 무엇일까요? 사실, 행위는 선택 사항도 부수적인 것도 아닙니다. 성경은 우리가 선한 일을 위하여 지으심을 받았다고 말합니다(엡 2:10). 그러니 그리스도인은 마땅히 일해야 합니다. 이것은 그리스도인으로서 우리에게 주어진 목적이기도 합니다. 그러나 은혜를 드러내는 빛 가운데 행하는 선한 일은 '오직 믿음'이라는 핵심 교리와 묶여 있음을 알아야 합니다. 또한 선한 일은 하나님이 행하신 일에 보답하기 위해서나 자기 자신의 영광을 위해서 하는 것이 아니라는 사실을 이해해야 합니다.

그리스도인의 삶에서 선행의 역할을 가장 잘 이해하는 길은 행위를 예배로 생각하는 것입니다. 하나님께 영광을 돌리는 선행이란 예수 그리스도께서 완수하신 사역을 기뻐하며 행하는 일을 가리킵니다. 이것은 보은이 아닌 찬양입니다. 히브리서 저자는 믿음을 이렇게 설명합니다.

³믿음으로 모든 세계가 하나님의 말씀으로 지어진 줄을 우리가 아나니 보이는 것은 나타난 것으로 말미암아 된 것이 아니니라 ⁴믿음으로 아벨은 가인보다 더 나은 제사를 하나님께 드림으로 의로운 자라 하시는 증거를 얻었으니 하나님이 그 예물에 대하여 증언하심이라 그가 죽었으나 그 믿음으로써 지금도 말하느니라 ⁵믿음으로 에녹은 죽음을 보지 않고 옮겨졌으니 하나님이 그를 옮기심으로 다시 보이지 아니하였느니라 그는 옮겨지기 전에 하나님을 기쁘시게 하는 자라 하는 증거를 받았느니라 ⁶믿음이 없이는 하나님을 기쁘시게 하지 못하나니 하나님께 나아가는 자는 반드시 그가 계신 것과 또한 그가 자기를 찾는 자들에게 상 주시는 이심을 믿어야 할지니라 ⁷믿음으로 노아는 아직 보이지 않는 일에 경고하심을 받아 경외함으로 방주를 준비하여 그 집을 구원하였으니 이로 말미암아 세상을 정죄하고 믿음을 따르는 의의 상속자가 되었느니라 ⁸믿음으로 아브라함은 부르심을 받았을 때에 순종하여 장래의 유업으로 받을 땅에 나아갈새 갈 바를 알지 못하고 나아갔으며

⁹믿음으로 그가 이방의 땅에 있는 것같이 약속의 땅에 거류하여 동일한 약속을 유업으로 함께 받은 이삭 및 야곱과 더불어 장막에 거하였으니 ¹⁰이는 그가 하나님이 계획하시고 지으실 터가 있는 성을 바랐음이라 ¹¹믿음으로 사라 자신도 나이가 많아 단산하였으나 잉태할 수 있는 힘을 얻었으니 이는 약속하신 이를 미쁘신 줄 알았음이라 ¹²이러므로 죽은 자와 같은 한 사람으로 말미암아 하늘의 허다한 별과 또 해변의 무수한 모래와 같이 많은 후손이 생육하였느니라 ¹³이 사람들은 다 믿음을 따라 죽었으며 약속을 받지 못하였으되 그것들을 멀리서 보고 환영하며 또 땅에서는 외국인과 나그네임을 증언하였으니 (히 11:3~13)

문맥을 더 잘 이해하려면 40절까지 읽으세요.

¹⁴그들이 이같이 말하는 것은 자기들이 본향 찾는 자임을 나타냄이라 ¹⁵그들이 나온 바 본향을 생각하였더라면 돌아갈 기회가 있었으려니와 ¹⁶그들이 이제는 더 나은 본향을 사모하니 곧 하늘에 있는 것이라 이러므로 하나님이 그들의 하나님이라 일컬음 받으심을 부끄러워하지 아니하시고 그들을 위하여 한 성을 예비하셨느니라 ¹⁷아브라함은 시험을 받을 때에 믿음으로 이삭을 드렸으니 그는 약속들을 받은 자로되 그 외아들을 드렸느니라 ¹⁸그에게 이미 말씀하시기를 네 자손이라 칭할 자는 이삭으로 말미암으리라 하셨으니 ¹⁹그가 하나님이 능히 이삭을 죽은 자 가운데서 다시 살리실 줄로 생각한지라 비유컨대 그를 죽은 자 가운데서 도로 받은 것이니라 ²⁰믿음으로 이삭은 장차 있을 일에 대하여 야곱과 에서에게 축복하였으며 ²¹믿음으로 야곱은 죽을 때에 요셉의 각 아들에게 축복하고 그 지팡이 머리에 의지하여 경배하였으며 ²²믿음으로 요셉은 임종시에 이스라엘 자손들이 떠날 것을 말하고 또 자기 뼈를 위하여 명하였으며 ²³믿음으로 모세가 났을 때에 그 부모가 아름다운 아이임을 보고 석 달 동안 숨겨 왕의 명령을 무서워하지 아니하였으며 ²⁴믿음으로 모세는 장성하여 바로의 공주의 아들이라 칭함 받기를 거절하고 ²⁵도리어 하나님의 백성과 함께 고난 받기를 잠시 죄악의 낙을 누리는 것보다 더 좋아하고 ²⁶그리스도를 위하여 받는 수모를 애굽의 모든 보화보다 더 큰 재물로 여겼으니 이는 상 주심을 바라봄이라 ²⁷믿음으로 애굽을 떠나 왕의 노함을 무서워하지 아니하고 곧 보이지 아니하는 자를 보는 것 같이 하여 참았으며 ²⁸믿음으로 유월절과 피 뿌리는 예식을 정하였으니 이는 장자를 멸하는 자로 그들을 건드리지 않게 하려 한 것이며 ²⁹믿음으로 그들은 홍해를 육지 같이 건넜으나 애굽 사람들은 이것을 시험하다가 빠져 죽었으며 ³⁰믿음으로 칠 일 동안 여리고를 도니 성이 무너졌으며 ³¹믿음으로 기생 라합은 정탐꾼을 평안히 영접하였으므로 순종하지 아니한 자와 함께 멸망하지 아니하였도다 ³²내가 무슨 말을 더 하리요 기드온, 바락, 삼손, 입다,

다윗 및 사무엘과 선지자들의 일을 말하려면 내게 시간이 부족하리로다 ³³그들은 믿음으로 나라들을 이기기도 하며 의를 행하기도 하며 약속을 받기도 하며 사자들의 입을 막기도 하며 ³⁴불의 세력을 멸하기도 하며 칼날을 피하기도 하며 연약한 가운데서 강하게 되기도 하며 전쟁에 용감하게 되어 이방 사람들의 진을 물리치기도 하며 ³⁵여자들은 자기의 죽은 자들을 부활로 받아들이기도 하며 또 어떤 이들은 더 좋은 부활을 얻고자 하여 심한 고문을 받되 구차히 풀려나기를 원하지 아니하였으며 ³⁶또 어떤 이들은 조롱과 채찍질뿐 아니라 결박과 옥에 갇히는 시련도 받았으며 ³⁷돌로 치는 것과 톱으로 켜는 것과 시험과 칼로 죽임을 당하고 양과 염소의 가죽을 입고 유리하여 궁핍과 환난과 학대를 받았으니 ³⁸ (이런 사람은 세상이 감당하지 못하느니라) 그들이 광야와 산과 동굴과 토굴에 유리하였느니라 ³⁹이 사람들은 다 믿음으로 말미암아 증거를 받았으나 약속된 것을 받지 못하였으니 ⁴⁰이는 하나님이 우리를 위하여 더 좋은 것을 예비하셨은즉 우리가 아니면 그들로 온전함을 이루지 못하게 하려 하심이라 (히 11:14~40)

이것은 놀라움과 예배로 가득 찬 장엄한 본문입니다. 성경 역사 내내 수많은 사람이 하나님의 약속에 대해 자기 믿음을 입증했습니다. 어떤 사람들은 눈에 보이게 세속적인 성공을 거두기도 했지만, 다른 사람들은 세상 사람들이 볼 때 극심한 실패를 경험하기도 했습니다. 믿음 덕분에 그들은 모두 은혜로 주어진 상급을 받았습니다.

'믿음장'으로 알려진 히브리서 11장에서 정말로 감사해야 할 한 가지는 명백한 승리만 실린 것은 아니라는 사실입니다. 여기에는 고난이나 투쟁이나 순교 같은 분명한 패배도 들어 있습니다. 권세와 영웅적 위업의 단순한 목록이 아닌 것입니다. 이는 믿음이 필요한 경우를 상기시킵니다.

우리는 때때로 하나님을 믿으면 좋은 일만 일어날 것이라고 생각하곤 합니다. 물론 궁극적으로는 그럴 것입니다. 그러나 때로는 믿음이 우리를 참담한 패배와 뼈아픈 고통과 외로운 빈곤과 고통스러운 죽음으로 이끌기도 합니다. 때로는 하나님이 우리 믿음을 통해 이루시는 선이 별로 좋게 느껴지지 않기도 합니다. 그러나 "이 사람들이 다 믿음으로 말미암아 증거를"(히 11:39) 받았다는 사실을 읽어 내는 것이 중요합니다. 그들의 믿음은 극심한 고난 속에서도 하나님의 증거를 받았고, 우리도 그들의 신실함 모범과 증언의 수혜자로서 축복을 받았습니다.

예수님을 따라야 끝까지 경주할 수 있어

위에서부터 아래로 구원하는 것이 믿음을 통한 은혜인 것과 마찬가지로 처음부터 끝까지 우리를 지탱해 주는 것도 믿음을 통한 은혜입니다. 우리는 믿음으로 그리스도 안에서 새 출발 하는 것이 아니라 '선한 일 하기'라는 자기 계발 프로젝트에 착수합니다. 그게 아니지요. 우리는 '믿음으로' 행해야 합니다(고후 5:7). 히브리서 저자는 믿음으로 경주하라고 말합니다.

[students]

[1]이러므로 우리에게 구름같이 둘러싼 허다한 증인들이 있으니 모든 무거운 것과 얽매이기 쉬운 죄를 벗어 버리고 인내로써 우리 앞에 당한 경주를 하며 [2]믿음의 주요 또 온전하게 하시는 이인 예수를 바라보자 그는 그 앞에 있는 기쁨을 위하여 십자가를 참으사 부끄러움을 개의치 아니하시더니 하나님 보좌 우편에 앉으셨느니라(히 12:1~2)

[students]

경주할 때 방해되는 '무거운 것과 얽매이기 쉬운' 것이란 무엇일까요? 분명한 답은 죄입니다. 예수님에게서 시선을 돌려 주변 세상을 주시하면, 죄에 빠지게 되거나 심지어 때로는 죄 속으로 뛰어들게까지 됩니다. 우리는 그리스도 안에서 죄를 용서받긴 했지만, 이 죄가 여전히 우리를 붙잡아 엄청난 무게로 눌러 못 움직이게 할 수 있습니다.

그런데 우리가 유념해야 할 것은 죄뿐만이 아닙니다. 심지어 좋은 것들마저 예수님께 집중하는 데 방해가 될 수 있습니다. 히브리서 저자는 우리에게 예수님을 바라보자고 말합니다(히 12:2). 왜 그랬을까요? 아마도 우리가 영적 훈련이나 종교적 열심이나 신학 연구에서조차 그것들을 그 자체로 추구하기 쉽다는 사실을 알았기 때문에 그랬던 것 같습니다. 그 대신, 우리는 예수님께 시선을 고정해야 합니다. 우리는 더 거룩하고, 더 유식하고, 더 온전해 보이기를 원합니다. 하지만 그것은 믿음의 동행이나 경주라고 할 수 없습니다. 행위에 근거한 자기 의일 뿐입니다.

아닙니다. 우리는 예수님을 계속 주시해야 합니다. 11장에 나오는 믿음의 본보기들이 우리에게 많은 도움을 주기는 하지만, 여기서 제시된 예수님의 모범이 더 큰 도움이 됩니다. 십자가로 나아가는 여정에서 예수님은 하나님 아버지를 신뢰함으로써 우리에게 인내하는 믿음의 가장 훌륭한 본을 보여 주셨습니다. 예수님은 가장 극심한 악과 고난을 겪으시는 내내 아버지를 신뢰했습니다. 예수님이 그렇게 하신 이유는 아버지께 순종하고 영광을 돌리는 기쁨이 그분 앞에 놓여 있었기 때문입니다.

students 예수님이 십자가에서 죽으시기까지 믿음을 지키신 사실은 여러분이 믿음을 지킬 수 있도록 하는 격려가 되나요?

알짬 교리 99

믿음

성경적인 믿음이란 구원을 위해 오직 예수 그리스도만을 믿고 신뢰하는 것입니다(요 3:16~21). 진정한 믿음은 역사적 사실들에 대한 단순한 지적 동의를 뛰어넘는 것으로 복음의 진리를 인정하고 고백함으로써 시작되며(요일 4:13~16), 그리스도를 자신의 주님과 구원자로 기쁨으로 영접하고, 그리스도만을 의지하는 데까지 이어집니다(요 1:10~13). 성경적인 믿음은 그리스도의 역사적인 삶과 죽음과 부활에 근거하고 있으므로 맹신이 아닙니다.

그리스도와의 연결

students 성경에 등장하는 모든 믿음의 본보기는 예수 그리스도의 삶과 비교하면 무색해집니다. 그분은 자신 앞에 놓인 기쁨을 보고 십자가를 견디셨으며 수치를 받으셨습니다. 그 사역 덕분에 주님이 다시 오실 때, 우리 앞서 죽어 간 모든 사람의 믿음과 소망이 성취될 것입니다. 우리는 하나님의 약속을 신뢰할 수 있다는 확신을 가지고 있습니다.

> " 그리스도인의 소망은 독특합니다. 그리스도인의 소망은 하나님과 그분의 약속들에 근거하기 때문입니다. 따라서 그리스도인은 자신감은 있으되 절대로 교만해서는 안 됩니다. 우리는 미래의 특별한 비전을 성취하기 위해 자신의 노력을 신뢰해야 하는 것이 아닙니다. 피조 세계를 회복하시고 만물을 다시 바르게 세우실 하나님을 신뢰해야 합니다.
> 트레빈 왁스 Trevin Wax "

YOUR STORY

하나님이 들려주시는 이야기는 오늘을 사는 나와 늘 연결되어 있습니다. 아래 질문에 답하면서 성경 이야기가 내 이야기와 어떻게 연결되는지 생각해 봅시다.

▶ **패배와 고난의 시기에 오직 믿음으로 의롭게 된다는 사실을 기억하는 것이 중요한 이유는 무엇일까요?**

히브리서 저자는 '믿음으로' 엄청난 고난을 겪었던 사람들을 언급합니다(히 11:35). 다른 말로 하면, 믿음이 있다고 해서 세상의 어려움을 피해 갈 수 없으며, 이는 지금의 우리에게도 마찬가지입니다. 이것이 의미하는 바는, 하나님이 주신 약속이 언젠가는 성취될 것이며, 그날에 우리가 목격하게 될 미래의 영광이 지금 이 땅의 모든 고난을 능가하리라는 사실을 알기에 인내한다는 것입니다.

▶ **성공과 위로의 시기에 오직 믿음으로 의롭게 된다는 사실을 기억하는 것이 중요한 이유는 무엇일까요?**

좋은 시절을 보내고 성공하는 것은 우리로 하여금 예수님을 향하게 하는 것이 아니라 안락을 바라보게 함으로써 경계심을 늦추게 할 수 있습니다. 물론 우리는 세상에서의 성공과 안락에 대해 하나님께 감사해야 합니다. 그러나 예수님보다 이런 성공에 더 큰 위안을 받아서는 안 됩니다. 좋은 때에든 나쁜 때에든 우리에게 필요한 것은 믿음입니다.

▶ **어떻게 하면 예수님께 시선을 고정할 수 있을까요? 예수님과 예수님의 복음에 초점을 맞추기 위해서 내가 버려야 할 오락거리는 무엇인가요?**

이 질문에 관한 답변은 다양할 것입니다.

▶ **예수님이 우리 믿음의 시작일 뿐만 아니라 완성이시라는 사실을 아는 것이 우리에게 격려가 되는 이유는 무엇인가요?**

이 질문에 관한 답변은 다양할 것입니다.

하나님의 이야기
하나님이 그분의 아들 예수 그리스도를 통해 우리를 구속해 주신 이야기

우리의 이야기
우리의 이야기가 하나님의 이야기와 만나는 곳

5~10분

생 각

선한 일은 모두 예수님의 영광을 위해 드려져야 합니다. 모든 영적 훈련은 예수님과의 우정을 더욱 깊게 하는 수단으로 행해져야 합니다. 신앙 서적을 읽을 때마다 신학적인 개념을 탐구할 때마다 성경적인 교리를 연구할 때마다 예수님을 향한 사랑이 북돋워져야 합니다. 예수님께 초점을 맞추어야 견딜 수 있고, 결승점에 이르기까지 믿음을 지킬 수 있습니다.

● 믿음과 행위를 연결하는 것도 중요하지만, 구분하는 것도 중요한 이유는 무엇인가요?
  행위는 하나님 앞에서 우리를 바로잡거나 의롭게 할 수 없고, 오직 그리스도를 향한 믿음만이 그렇게 할 수 있습니다.

● 교회의 운명이 행위가 아닌 오직 믿음으로 의롭게 된다는 교리에 달려 있는 이유가 무엇일까요?
  오직 믿음으로 의롭게 된다는 교리가 없다면, 교회는 자기 힘으로 하나님께 나아가려는 사람들에게 위탁될 텐데, 이것은 불가능한 일입니다.

마 음

우리 행위는 하나님의 은혜를 갚기 위한 것이 아닙니다. 왜냐하면 그리스도를 믿는 순간에 모든 빚이 탕감되었기 때문입니다. 의롭게 된다는 것은 바로 이런 것입니다. 행위로 은혜를 갚으려는 노력은 결국 율법주의와 은혜 없는 종교를 낳을 뿐입니다. 하나님이 행하신 일이 아닌 우리가 할 수 있는 일을 강조하기 때문입니다. 심지어 좋은 사람으로 보이려고 선행을 베풀기도 합니다. 그러다가 하나님께 드릴 영광을 가로챌 수도 있습니다. 세상의 모든 종교 체계는 '선행 베풀기'에 근거하는 반면에 오직 기독교만이 '이미 이루었다'라는 말씀에 근거합니다.

● 선행을 예배로 간주하면 여러분의 생활은 어떻게 바뀔까요?
  이 질문에 관한 답변은 다양할 것입니다.

● 은혜를 갚는다는 생각이나 자기 의에 빠지지 않으면서도, 어떻게 하면 그리스도인의 삶에서 선행의 필요성을 고수할 수 있을까요?
  우리는 행위가 그리스도인의 삶의 뿌리가 아닌 열매라는 사실을 기억해야 합니다. 선행의 뿌리는 그리스도를 믿는 믿음입니다.

행 동

믿음 생활은 쉽지 않습니다. 사실 버거울 수 있습니다. 그러나 언젠가는 이와 비교할 수 없는 기쁨을 맛보게 될 것입니다. 이 사실을 어떻게 알 수 있나요? 히브리서 11장 전체가 우리에게 믿음의 길을 보여 주는 여러 증인들에 관해 말해 주고 있기 때문입니다. 그뿐만 아니라 우리에게는 예수님이라는 신실하신 증인과 장차 만물이 회복될 것이라는 약속이 있습니다. 예수님의 약속과 신실한 증인들이 오늘날 우리에게 끝까지 믿음으로 인내하라고 권면해 줍니다.

● 경주를 계속할 수 있는 인내력은 어디에서 나올까요?
  이것은 예수님을 바라보는 믿음에서 비롯됩니다. 다시 말하면, 우리가 인내할 수 있는 것은 우리가 똑똑하거나 강해서가 아니라 우리는 약하지만 주님이 신실하시기 때문입니다.

● 현대 인물 가운데 믿음을 본받고 싶은 사람은 누구이며, 어떤 면을 닮고 싶나요?
  이 질문에 관한 답변은 다양할 것입니다.

다음 모임까지
고린도전서 9~16장을
읽어 보세요.

부록 1

신약5의 서신서

로마서
7, 8과

주제 바울은 로마의 그리스도인들이 복음을 바로 알고, 믿음을 견고히 할 수 있도록 돕기 위해 이 편지를 썼고, 복음과 구약의 관계, 원죄, 예수님을 통한 칭의 등을 강조했습니다.

연 대 주후 57년
저 자 바울
수신자 로마의 가정 교회
암송 구절 1:16~17

고린도전서
2, 8과

주제 바울은 고린도 교회가 예수 그리스도의 주권과 권위를 받아들이고 이것이 삶에 주는 의미를 깨닫도록 하며, 예수 그리스도의 주권이 그리스도인의 연합, 도덕성, 영적 은사, 부활 등의 근거라는 사실에 초점을 맞추었습니다.

연 대 주후 56년 봄
저 자 바울
수신자 고린도 교회
암송 구절 1:18

고린도후서
11과

주제 바울은 고린도 성도들과의 관계가 회복된 기쁨을 드러내고, 예루살렘 교회를 위한 연보를 부탁하며, 자신의 사도권을 설명합니다. 또한 중간 상태와 희생적 나눔에 관해 언급하고, 거짓 교사를 향해 경고하기도 했습니다.

연 대 주후 56년
저 자 바울
수신자 고린도 교회
암송 구절 5:21

갈라디아서
1, 9과

주제 바울은 복음의 진리를 분명히 하고 수호하기 위해 이 편지를 썼습니다. 그는 베드로의 타협에 도전했고, 행위가 아닌 믿음을 통한 구원을 논했으며, 율법의 목적과 의도를 설명했고, 희생적 삶과 율법주의적 삶의 차이를 묘사했습니다.

연 대 주후 48~56년
저 자 바울
수신자 갈라디아 교회
암송 구절 3:10~11

에베소서
10과

주제 바울은 모든 신자(유대인과 이방인)가 그리스도 안에서 하나라는 사실을 가르쳤습니다. 사람은 그리스도를 믿기 전에는 죄로 인해 죽은 상태이지만, 하나님이 값없이 주시는 은혜의 선물로 말미암아 살아나게 된다고 말했습니다.

연 대 주후 60~61년
저 자 바울
수신자 에베소 교회
암송 구절 2:1~10

빌립보서
8과

주제 바울은 자신의 상황에 관해 설명하고, 에바브로디도를 통해 전달받은 교회의 선물에 감사하기 위해 이 편지를 썼습니다. 그는 빌립보 교회가 한마음으로 겸손하게 행하면서 그리스도의 마음을 드러낼 수 있도록 격려했습니다.

연 대 주후 60~62년
저 자 바울
수신자 빌립보 교회
암송 구절 1:20~21

＊학생용 교재 '부록 2'(88쪽).

디모데전서
6과

주제 바울은 디모데에게 복음의 바른 교훈을 따라 거짓 가르침에 맞서게 했고, 예배, 신앙생활, 직분자의 자격과 경건 생활 등에 관해 가르치며 올바른 목회에 관해 일깨워 주었습니다.

연 대 주후 62~64년
저 자 바울
수신자 디모데
암송 구절 4:12~16

디모데후서
6과

주제 바울이 로마에서 순교하기 전에 썼던 마지막 편지입니다. 디모데전서에서처럼 이 편지에서도 복음의 진리를 가지고 전진하는 것에 관해 이야기하며 자신이 시작한 사역을 계속해 나가라고 디모데에게 조언했습니다.

연 대 주후 67년
저 자 바울
수신자 디모데
암송 구절 3:16

디도서
6과

주제 바울은 디도와 교회에게 당시 전역에 확산되고 있던 거짓 가르침에 대해, 성경적 교리에 근거하여 대적할 것을 명령했습니다. 그뿐 아니라 그리스도인에게 합당한 인격의 특징과 교회 리더십에 관한 지침을 덧붙였습니다.

연 대 주후 62~64년
저 자 바울
수신자 디도
암송 구절 2:11~14

히브리서
12과

주제 히브리서 저자는 예수 그리스도께서 무엇보다도 탁월하시다는 사실을 강조하며, 구약의 역사와 제도를 예수님의 삶과 연관시킴으로써 모든 성경이 그분을 가리킨다는 사실을 분명하게 입증합니다.

연 대 주후 64~68년
저 자 미상
수신자 핍박당하던그리스도인
암송 구절 12:1~2

야고보서
3과

주제 야고보는 박해로 흩어진 유대인 그리스도인들에게 믿음으로 인내할 것을 권면했습니다. 또한 그들이 직면했던 교회의 문제들, 즉 부자들의 억압, 악담, 거짓 가르침, 차별 대우 등을 경계하라고 했습니다.

연 대 주후 48~52년
저 자 야고보
수신자 유대인 그리스도인
암송 구절 1:22~24

베드로전서
4과

주제 베드로는 로마에서 고난을 겪는 신자들을 독려하기 위해 이 편지를 썼는데, 그리스도인은 이 세상의 '거류민'이요 '나그네'이므로 핍박을 당하지만, 천국에 가면 그보다 훨씬 큰 영광을 받게 될 것이라고 강조했습니다.

연 대 주후 62~64년
저 자 베드로
수신자 로마에서 핍박당하던
　　　 이방인 그리스도인
암송 구절 3:15~16

요한1서
5과

주제 요한은 예수 그리스도께서 육체로 오신 것을 부인하는 거짓 선생들의 주장을 반박하고, 주요 교리와 실천 사항과 참된 기독교의 모습에 대해 설명했습니다. 그는 신자들에게 영생이 있음을 확신하도록 돕고자 했습니다.

연 대 주후 70~100년
저 자 요한
수신자 에베소의 그리스도인
암송 구절 1:9

부록 2

신약성경에 나타난 구약성경의 말씀

가인 죄의 통치 아래 자기의 의로운 형제를 살해함(창 4장)	**세상** 마귀의 자녀들은 그리스도 안에 있는 자들을 미워함 (요일 3:10~15)
이스라엘 순종할 때 주님의 소유가 되는 백성(출 19:5~6)	**교회** 긍휼로 말미암아 그분의 소유가 된 백성(벧전 2:9~10)
첫 열매 주님께 바쳐진 첫 이삭 단(레 23:9~14)	**그리스도의 부활** 우리 부활의 첫 열매(고전 15:20)
주님을 경외하는 자 빈궁한 자들에게 기꺼이 나누어 주는 자(시 112:9)	**즐겨 내는 자** 하나님께 영광을 돌림(고후 9:6~15)
모퉁잇돌 믿지 않는 사람들에게는 걸려 넘어지는 걸림돌(사 8:14; 28:16)	**산 돌** 그리스도, 신자들을 위한 확실한 토대(벧전 2:4~8)
주님의 갑옷 대적에게 맞서 공의를 갑옷으로 삼으심(사 59:15~20)	**하나님의 전신 갑주** 대적에 맞서는 능력(엡 6:10~17)
주님 그분을 알고 깨닫는 것을 자랑하라(렘 9:23~24)	**예수 그리스도** 하나님으로부터 나온 지혜이신 그분 안에서 자랑하 라(고전 1:26~31)
구약의 성도들 하나님의 미래 약속을 믿으며 살아감(히 11:13~16)	**예수님** 성취된 약속, 우리 믿음을 온전하게 하시는 이(히 12:1~12)

부록 3

육체의 일과 성령의 열매

육체의 일(갈 5:19~21)

성경 전반과 우리 삶에서 발견되는 육체의 일은 명백하고, 종종 서로 겹칩니다. 일례로 이스라엘 백성은 광야에서 금송아지에게 제사 지내며 흥청대며 먹고 마셨습니다(출 32:1~6).

성(19절)

음행	온갖 형태의 성적인 죄에 관한 일반 용어
더러운 것	종종 성적인 죄를 가리킴
호색	자제력 부족과 억제되지 않은 욕정

종교(20절)

우상 숭배	창조자 하나님 대신 피조물을 숭배함
주술	환경이나 어두움의 세력을 조종하려는 노력

관계(20~21절)

원수 맺는 것	모든 종류의 증오
분쟁	논쟁적인 성격의 것
시기	다른 사람의 소유를 탐내는 것
분 냄	억제되지 않은 성질
당 짓는 것	이기적이고 불순한 동기
분열함	다른 사람들과 분열하는 영
이단	파벌로 이끄는 당파심
투기	하나님의 은사와 다른 사람들의 성공에 대한 불만

방종(21절)

술 취함	알코올에 대한 욕구 통제 불능
방탕함	쾌락에 대한 욕구 통제 불능

그와 같은 것들(21절)

성령의 열매(갈 5:22~23)

성령의 열매는 우리 자신의 힘으로 맺는 것이 아니라 성령님의 도우심으로 맺습니다. 이 덕목들은 하나님과 우리의 관계로부터 나타납니다.

사랑	
희락	
화평	
오래 참음	바울은 '열매들'이 아니라 '열매'라고 말합니다. 종합적으로 볼 때, 이 특징들이나 속성들은 그리스도를 닮아 가는 것이라고 할 수 있습니다. 예수님의 형상을 닮아 간다는 것은 성령의 열매를 점점 더 많이 맺는 것을 의미합니다.
자비	
양선	
충성	
온유	
절제	

부록 4

허다한 증인들이 보인 믿음

히브리서 11장의 수많은 증인들은 약속의 하나님을 믿는 것이 충분히 가치 있음을 그들의 삶과 죽음을 통해서 선언했습니다. 사도 바울은 말했습니다. "생각하건대 현재의 고난은 장차 우리에게 나타날 영광과 비교할 수 없도다"(롬 8:18). 이런 증인들의 격려로 우리는 예수 그리스도를 바라봅니다. 믿음으로, 죄와 죽음에 대한 그분의 승리는 우리 모두의 것입니다. 따라서 인내를 가지고 믿음의 경주를 합시다.

아벨	믿음으로, 하나님이 받으시는 제사를 드리고 형제에게 살해당함	창 4:1~16
노아	믿음으로, 하나님 편에 섰고 죄로 가득한 세상을 정죄함	창 6:5~9:17
아브라함	믿음으로, 약속의 땅에서 거류민으로 장막에 거함 믿음으로, 하나님이 시험하실 때 약속의 아들인 이삭을 바침	창 12~25장
	믿음으로, 하나님이 시험하실 때 약속의 아들인 이삭을 바침	창 22:1~19
이삭	믿음으로, 약속의 땅에서 거류민으로 장막에 거함	창 21~35장
야곱	믿음으로, 약속의 땅에서 거류민으로 장막에 거함	창 25~50장
요셉	믿음으로, 약속의 땅 밖에서 죽었음에도 불구하고 이스라엘 사람들에게 자신의 뼈에 관한 지시를 내림	창 50:24~26
모세	믿음으로, 애굽인들과 죄악의 낙을 누리는 대신 하나님의 백성과 고난받기로 선택함	출 2~4장
라합	믿음으로, 불순종하는 그녀의 백성 대신 하나님의 백성 편에 섬	수 2장; 6:22~25
기드온	믿음으로, 300명의 군대를 이끌어 13만명이 넘는 우세한 병력에 대항함	삿 7:1~8:12
삼손	믿음으로, 자기희생적인 행동으로 3천 명의 블레셋인들을 죽이기 위해 주님의 능력을 구함	삿 16:26~30
사무엘	믿음으로, 죄를 범한 사울 왕을 대적하고 그 대신 다윗을 왕으로 기름 부음	삼상 15:10~16:13
다윗	믿음으로, 여호와의 기름 부음받은 자를 죽이는 대신 자신이 온 이스라엘의 왕이 되기까지 사울 왕으로부터 도피함	삼상 16:1~삼하 5:5
선지자들	믿음으로, 더 나은 부활을 얻기 위해 일부는 고문, 조롱, 채찍질, 투옥, 돌로 치는 것, 톱으로 켜는 것, 칼로 죽임당함, 노숙, 궁핍, 학대를 받음.	히 11:35~38
예수님	그분을 믿는 모든 사람을 구원해 주시는 기쁨으로 인해 십자가를 참으시고 부끄러움을 개의치 아니하심	히 12:2